RAYMOND LULLE

RAYMOND LULLE

PRINCIPES ET QUESTIONS DE THÉOLOGIE

De la quadrature et triangulature du cercle

Traduction de René Prévost, osb
et de Armand Llinarès
*Introduction et notes
de Armand Llinarès*

Sagesses chrétiennes

LES ÉDITIONS DU CERF
29, bd Latour-Maubourg, Paris
1989

ISBN 2-204-03103-8
ISSN en cours

INTRODUCTION

Bref parcours biographique

Raymond Lulle (en catalan : Ramon Llull) est né à Palma de Majorque vers 1232-1235, quelques années après la reconquête de l'île (1229) par Jacques le Conquérant. Fils unique d'une noble famille catalane, il reçoit l'instruction et l'éducation d'un futur chevalier. En 1257 il épouse une fille noble dont il a un fils et une fille. Familier du roi de Majorque, il mène une vie brillante, à la recherche des plaisirs. A la trentaine, la vision répétée de Jésus crucifié le fait changer de vie. Pèlerinages à Rocamadour et à Compostelle. De retour à Majorque, il se met à l'étude de la philosophie, du latin et de l'arabe. Vers 1275 débute son œuvre écrite. En 1276 il inspire la fondation d'un centre d'études orientales à Miramar (Majorque). Nombreux séjours à Montpellier. A partir de 1287 les voyages se multiplient : à Rome, puis à Paris (1287-1289), à Gênes, de nouveau à Rome, séjour mouvementé à Tunis (1292-1293), longs séjours en Italie (Naples, Rome, Assise, Gênes), deuxième séjour parisien (1297-1299), retour à Majorque par Montpellier et Barcelone. Voyage à Chypre et en Petite-Arménie, retour à Majorque (1303-1306). Il se rend à Bougie où il est emprisonné (1307-1308). On le retrouve à Pise, à Gênes, à Montpellier, en Avignon, puis à Paris pour un dernier séjour de deux ans (1309-1311). Il assiste au concile de Vienne (1311-1312). De retour à Majorque par Montpellier, il quitte son île natale pour la Sicile, d'où il s'embarque pour Tunis où il séjourne jusqu'à la fin de 1315 ou au début de 1316. De retour à Majorque, il y meurt probablement en mars 1316[1].

« Quadrature et Triangulature du cercle » ou « Principes et Questions de théologie » ?

Vers la fin de son deuxième séjour parisien il écrit la *Quadrature et Triangulature du cercle*[2], à laquelle fait suite une *Géométrie nouvelle*[3], qui ne doit rien à Euclide et qui traite aussi de la quadrature et de la triangulature du cercle. Ces deux notions doivent être, selon le philosophe majorquin, les fondements de la géométrie, de la physique, de l'astronomie, de l'architecture.

Il n'en est pas de même avec la *Quadrature*, bien que son titre le laisserait à penser. Certes, dans un premier temps Lulle étudie la quadrature et la triangulature du cercle, mais cette étude il l'entreprend selon sa méthode personnelle, « la manière de l'*Art général*[4], qui est la voie et la méthode pour connaître les principes particuliers des sciences particulières ». De plus, si la mesure des droites est possible, celle

---

1. Sur la vie de Lulle, voir A. LLINARÈS, *Raymond Lulle, philosophe de l'action*, Paris, 1964, p. 73-127 ; *Raymond Lulle*, Palma, 1983.
2. « Finit es aquest libre en Paris en l'any de Mccxcix, en lo mes de juny » (Bayerische Staatsbibliothek, cod. hisp. 64, fol. 65 r°).
3. Probablement écrite en catalan, la *Nova Geometria* est connue seulement par des manuscrits latins. Ed. critique par J.Mª Millas Vallicrosa, Barcelone, 1953.
4. Voir ci-dessous le préambule des *Principes* et le début du chapitre 8. C'est une constante chez LULLE de se référer à son *Art général* ou *Grand Art*, fondé sur l'emploi de figures, dont la première est celle de Dieu et des dignités divines, principes absolus. Sur l'*Art général* et son évolution, voir A. LLINARÈS, *R.L., philosophe de l'action*, p. 182-228.

des courbes ne l'est pas toujours, prétend Lulle. Il faut donc concevoir, imaginer, inventer des « lignes mathématiques » qui suppléeront, par l'esprit et l'imagination, le témoignage de la vue. Tel est l'objet de la première partie[5] de la *Quadrature*, très courte, qui se résume à la présentation de quatorze figures, dénommées « cercles », où, par approches successives on arrive à inscrire dans un cercle un carré et un triangle qui lui sont prétendument égaux.

Mais le véritable propos de Lulle est ailleurs, à tel point que, s'expliquant sur la finalité de l'œuvre, il la dénomme *Principes de théologie*[6]. L'essentiel pour lui en effet ce sont les applications de la quadrature et de la triangulature du cercle à la théologie, objet de la seconde partie de l'ouvrage, de beaucoup la plus étendue, puisqu'elle en couvre à elle seule les neuf dixièmes. Cette seconde partie se subdivise en deux sections, la première exposant des Principes (souvent suivis de Conclusions), la seconde proposant des Questions auxquelles les Principes permettent de répondre.

On parvient à la quadrature et à la triangulature du cercle par l'étude successive de quatorze figures ou « cercles », à partir d'un cercle donné, un cercle « blanc », dans lequel rien n'est inscrit, mais qui contient en puissance toutes les autres figures. Ce premier peut être divisé successivement en deux demi-cercles, en trois secteurs égaux, puis en quatre. On obtient ainsi, en tenant compte du cercle blanc, un premier groupe de quatre « cercles » de même surface.

Le deuxième groupe, composé de six « cercles », se présente différemment. Ces six « cercles » sont en effet formés du cercle donné dans lequel sont successivement inscrits un

---

5. Cette première partie a été éditée, en suivant l'un des manuscrits latins, par J.E. HOFMANN, *R.L. Kreisquadratur*, Cusanus Studien n° 7, Heidelberg, 1942, p. 22-37.

6. Voir ci-dessous, p. 255. LULLE avait écrit un quart de siècle plus tôt un *Liber principiorum theologiae* (éd. Mayence, t. I, 1721 ; réimp. Francfort, 1965), sans s'appuyer sur des considérations géométriques.

triangle équilatéral, un carré, un pentagone, un hexagone, un heptagone et un octogone réguliers. Chacune de ces figures inscrites contient un certain nombre de parties de la circonférence du cercle, trois pour le triangle, quatre pour le carré, etc. Selon Lulle, la circonférence du cercle est égale aux périmètres respectifs du triangle, du carré, etc. augmentés d'une « ligne mathématique » variable, c'est-à-dire un segment de droite imaginaire, égal au côté du triangle, du carré, etc. Toute la démonstration repose sur cette notion de « ligne mathématique ».

Le troisième groupe de « cercles » en comprend quatre. Ces figures sont celles de la quadrature du cercle, de la triangulature du cercle, de la triangulature du carré, pour aboutir à la quadrature et à la triangulature du cercle, c'est-à-dire à une triple égalité : du carré, du triangle et du cercle.

Ces considérations géométriques ne figurent pas dans la présente publication. On s'est contenté d'en rappeler brièvement le résultat en tête de chaque chapitre des *Principes*.

Chacune des quatorzes figures a une signification théologique. On peut, dans un premier temps, tirer de chacune d'elles des principes et des conclusions et traiter ensuite de questions en s'appuyant sur les principes énoncés. Cela explique la subdivision de la seconde partie de l'ouvrage original en deux sections : I. Principes ; II. Questions, qui constituent les deux parties du texte proposé.

L'énoncé des principes et des questions reprend la progression qui aboutit à la quadrature et à la triangulature du cercle, mais s'arrête à la douzième figure. En effet, Lulle remarque qu'il n'est pas nécessaire de poser des principes à partir du treizième « cercle », car ils l'ont déjà été à partir du onzième et du douzième. Quant au quatorzième « cercle », il contient en résumé tous les principes énoncés précédemment[7].

7. Ms. cité, fol. 27 r°.

Pour plus de clarté, les douze chapitres retenus par Lulle seront désignés par leurs contenus respectifs.

La première figure est le « principe simple de tous les autres cercles ». De même, et mieux encore, « Dieu est le principe simple, contenant en lui substantiellement, actuellement et naturellement plusieurs unités simples ». Ces unités sont ses attributs, autrement dit ses « raisons », ses « dignités », à savoir : sa bonté, sa grandeur, son éternité, sa puissance, sa sagesse, sa volonté, sa vertu, sa vérité, sa gloire[8].

Ce terme de « dignité », emprunté au vocabulaire logique de Boèce, est passé, par l'intermédiaire de saint Anselme, de Gilbert de Poitiers, de Richard de Saint-Victor, dans le langage théologique du XIIIᵉ siècle, avec le sens de principe indiscutable et éminent[9]. C'est sur ce principe, devenu chez Lulle un attribut de Dieu, que se fondent son *Art général*, sa métaphysique et sa théologie[10].

Les dignités divines sont des attributs actifs, des « raisons réelles », puisque chacune d'elles est la raison d'une qualité. Ainsi en est-il de la bonté de Dieu qui, en « bonifiant », c'est-à-dire en créant le bien, en est la raison. On dira de même que la grandeur de Dieu, en « magnifiant », c'est-à-dire en créant le grand, en est la raison, etc. Sans cette action éternelle de ses dignités, Dieu ne pourrait se manifester.

Mais les dignités, aussi diverses soient-elles, s'identifient les unes aux autres : la bonté divine est une même chose que la grandeur, l'éternité, etc. Leur énumération et leur distinction n'impliquent donc pas une différence essentielle. S'il en était ainsi, il s'ensuivrait l'existence d'accidents en Dieu, ce qui contredirait son essence.

8. *Ibid.*, fol. 6 v°.
9. H. MERLE, *Dignitas : signification philosophique et théologique de ce terme chez Lulle et ses prédécesseurs médiévaux*, « Estudios Lulianos » n° 21, Palma, 1977, p. 173-193. Parmi les prédécesseurs médiévaux de Lulle : saint Anselme, Richard de Saint-Victor, Albert le Grand, saint Bonaventure.
10. A.LLINARÈS, *R.L., philosophe de l'action*, p. 244-249.

Le nombre des dignités divines énumérées par Lulle n'est pas constant. On peut dire cependant que les neuf premières d'entre elles sont toujours désignées par lui, et volontiers dans le même ordre, sous forme de triades : bonté, grandeur, éternité (ou durée) ; puissance, sagesse, volonté ; vertu, vérité, gloire. Ces neuf dignités, qu'on retrouve ici, sont les neuf principes absolus de la première figure (ou figure A) de l'*Art général*[11]. En les considérant successivement, on peut dire que Dieu est bon par sa bonté, qu'il est grand par sa grandeur, éternel par son éternité, etc. Et, puisqu'il en est ainsi, les dignités divines sont, tout comme Dieu, les principes fondamentaux de la théologie.

Ces principes étant posés, on peut en tirer des conclusions. On peut dire, par exemple, que si Dieu est un principe simple qui contient en lui, « substantiellement, actuellement et naturellement », un certain nombre de dignités, il lui est nécessaire de produire « un Dieu simple, éternel et infini », qui soit bon, puissant[12], etc.

Il y a similitude, identité, réciprocité en Dieu. Par exemple, les dignités sont égales entre elles. Aussi sont-elles « permutables », interchangeables. Il y a identité entre elles et Dieu. En Dieu l'agir et l'exister sont égaux[13].

Le cercle divisé en trois secteurs égaux est l'image de Dieu un et trine. Cela signifie qu'il y a en lui trois propriétés personnelles distinctes, mais égales. Le vocabulaire employé ici est constitué de séries de trois termes corrélatifs[14], inséparables, indissociables, dont la source réside dans les actes de l'essence divine et de ses dignités. C'est ainsi que l'essence divine ne saurait être naturellement toute-puissante sans « déi-

---

11. ID., *ibid.*, p. 222-223.
12. Ci-dessous I, *(Principes)*, chap. 1.
13. Ci-dessous I, chap. 2.
14. Ci-dessous I, chap. 3. Lulle consacrera au problème des corrélatifs un *Liber correlativorum innatorum* (*Opera latina*, Turnhout, 1978). Voir J. GAYÀ, *La teoria luliana de los correlativos : historia de su formación conceptual*, Palma, 1979.

fiant », « déifié » et « déifier ». Il faut entendre par là que sans ces trois éléments : le « déifiant », puissance de produire Dieu ; le « déifié », Dieu produit par Dieu ; et le « déifier », c'est-à-dire l'acte de produire Dieu —, l'essence divine ne saurait être pleinement ce qu'elle est. Ces trois éléments sont inséparables, mais doivent être distingués l'un de l'autre, comme doivent l'être dans l'essence divine le « distinguant », le « distinct » et le « distinguer », car « ainsi, le ''distinguant'', que nous appelons Dieu le Père, se fait éternellement grand en produisant le Fils, éternellement grand, et le Père et le Fils, par leur accord éternellement parfait, produisent le Saint-Esprit, éternellement grand »[15].

L'égalité en Dieu est approfondie au chapitre 4. Elle prend ici quatre formes. Il y a en effet, on vient de le voir, égalité des trois personnes, ou encore des trois propriétés personnelles. Mais, ajoute Lulle, dans l'essence divine une propriété personnelle en vaut deux : ainsi, Dieu le Père est l'égal du Fils et du Saint-Esprit. C'est la deuxième égalité. Troisième égalité : l'essence divine a des « propriétés communes », c'est-à-dire les dignités ou raisons, égales entre elles. Enfin, dans l'essence divine les propriétés personnelles et les propriétés communes sont égales entre elles et leur égalité vient de leur essence indivisible[16].

La production des personnes divines est l'objet du court chapitre 5 où l'accent est surtout mis sur la procession du Saint-Esprit. Invoquant le *Filioque* — « Notre sainte mère l'Église professe que le Père en aimant le Fils et le Fils en aimant le Père produisent par leur amour mutuel le Saint-Esprit en une commune spiration » —, Lulle montre que, « tout comme le Père a plus Dieu par la génération et l'amour qu'il porte à son Fils, le Fils a plus Dieu s'il pro-

---

15. Ci-dessous I, chap. 3, conclusion 20.
16. Ci-dessous I, chap. 4.

duit le Saint-Esprit par l'amour qu'il porte à son Père »[17]. L'égalité est parfaite entre le Père et le Fils.

Le chapitre 6 insiste sur cette notion d'égalité. Partant du fait que « la sainte foi catholique accorde que dans l'essence divine, les trois personnes, la génération et la spiration sont égales », vingt principes sont posés d'où sont tirées vingt conclusions « nécessaires ». A sa manière Lulle interprète le *Credo*. La plus grande importance est accordée à l'égalité entre Dieu le Père et Dieu le Fils : « Le Père ne peut valoir naturellement plus que son Fils, s'il l'engendre de toute sa nature » (Principe 1). « Le Fils engendré de l'essence infinie de son Père ne peut être en dehors de l'essence de son Père » (Principe 2). Un autre principe dira : « La génération, essence du Père et du Fils, doit être égale pour tous les deux » (Principe 9). De la génération on passe à la spiration pour poser que « la génération et la spiration, infinies et éternelles en Dieu, doivent être égales » (Principe 17). Les trois derniers principes font intervenir les dignités divines, pour conclure : « Les actes des dignités divines qui concernent la génération et la spiration sont personnels » (Principe 20)[18].

Le chapitre 7 traite de l'Incarnation et de ses rapports avec la création. Sujet classique, mais où intervient ici la notion de dignités divines : « Dieu doit donner à la création tout ce qui peut faire le plus grand honneur aux dignités divines ; l'Incarnation du Fils doit donc être pour leur rendre cet honneur[19]. » Conclusion logique du principe 1 : « Tout comme les personnes divines, les actes des dignités divines sont cause de la création. »

Dans une progression numérique de sept à neuf, Lulle abandonne provisoirement l'essence et les dignités divines pour s'intéresser aux sept sacrements, aux huit degrés de la

---

17. Ci-dessous I, chap. 5, conclusion 4.
18. Ci-dessous I, chap. 6.
19. Ci-dessous I, chap. 7, conclusion 5.

hiérarchie ecclésiale et aux neuf degrés de la hiérarchie angélique[20].

L'ordre des sacrements va du mariage à l'extrême-onction, le baptême figurant en second lieu. Ce chapitre n'appelle pas de remarque particulière. On peut seulement suggérer que si le mariage figure en premier lieu dans la liste des sacrements, c'est peut-être pour marquer son caractère particulier : il concerne le couple, alors que les autres sacrements intéressent l'individu. Dans son canon 7, le troisième concile du Latran (1179) énumérait de la sorte les sacrements.

La hiérarchie ecclésiale, telle que Lulle la conçoit, comporte huit degrés occupés, d'une part, par le pape, les cardinaux, les évêques et les prêtres, et, d'autre part, par les religieux répartis en quatre groupes : les religieux vivant en communauté, les ermites, les religieux appartenant à un ordre de chevalerie et les hospitaliers. Le pape est la personne « la plus commune », entendons par là le personnage le plus universel, celui dont l'autorité s'étend sur le plus grand nombre d'hommes. Pape, cardinaux, évêques, prêtres, qui constituent le clergé séculier, mènent une vie active. Avec le clergé régulier, on a affaire à des personnes chez lesquelles la vie active est en accord avec la vie contemplative. Plus l'accord est grand entre ces deux modes de vie, plus le religieux est en état de sainteté. Saint Pierre et saint André illustrent cet accord parfait : abandonnant tout pour suivre le Christ, ils ont mené une vie contemplative et ont choisi une vie active jusqu'à mourir pour leur foi. Plus que tout autre, l'ermite est disposé à la contemplation, à la prière et à la pénitence. On revient à un homme où vie active et vie contemplative s'équilibrent avec le chevalier religieux et l'hospitalier.

La hiérarchie angélique est celle établie par le Pseudo-Denys[21]. Quel que soit l'ordre auquel ils appartiennent, les

20. Ci-dessous I, chap. 8-10.
21. Ci-dessous I, chap. 10. Voir DENYS l'ARÉOPAGITE, *La Hiérarchie céleste*, par G. Heil — R. Roques — M. de Gandillac, *Sources chrétiennes* n° 58.

anges sont doués d'une triple activité psychique : intellectuelle, volontaire et mémorielle, car, tout comme l'homme, ils ont une intelligence, une volonté et une mémoire[22]. Mais les anges sont de purs esprits. Ils ne possèdent pas de corps. Aussi, à la différence de l'homme, leurs facultés sont toujours en acte. Cela est vrai en particulier de leur intelligence : « L'intelligence de l'ange ne tâtonne ni ne doute, elle affirme ou nie », dit Lulle dans l'*Arbre de science*[23]. Pour marquer cette différence, Lulle emploie ici les termes d'*intellection*, d'*amation* et de *mémoration* aux lieu et place d'intelligence, de volonté (faculté d'amour) et de mémoire.

Les deux derniers chapitres marquent un retour aux considérations proprement théologiques.

La onzième figure établissait la quadrature du cercle, c'est-à-dire l'équivalence de celui-ci et du carré. Appliqué à Jésus-Christ, le carré a quatre significations : « les trois personnes qui sont en lui une seule et même nature divine, et une nature humaine par laquelle Dieu s'est fait homme ». Quant au cercle, il signifie que « toutes les créatures ont un rapport avec ces quatre significations du carré, car tout ce qui est créé dépend d'elles », puisque la création est l'œuvre de Dieu, ce qui s'exprime encore par le principe 1 : « Toutes les fins naturelles et créées sont contenues dans la fin de la nature divine et de la nature humaine de Jésus-Christ. »

Le carré et le cercle ont encore une autre signification, comme le précise le principe 7 : « Le carré signifie la différence entre la nature divine et la nature humaine de Jésus-Christ. Le cercle signifie l'unité de la personne du

---

22. La conception des anges a évolué chez Lulle. Au début de sa carrière (vers 1275), il leur consacre un ouvrage le *Libre dels angels (Obres. Edicó original* 21, Palma, 1950, p. 307-375), où il leur reconnaît intelligence et volonté, auxquelles s'ajoute la convenance, c'est-à-dire l'accord. La mémoire apparaît comme troisième faculté dans l'*Arbre de science,* X (*Obres essencials* I, Barcelone, 1957, p. 721-730).
23. *Arbre de science*, X, III (éd. citée, p. 723).

Christ[24]. » Le Christ est Dieu et homme, ou mieux : « En se faisant homme, l'homme-Dieu est totalement Dieu et Dieu-homme totalement homme » (Principe 9), et encore : « Dieu est homme et Dieu par toute l'infinité, la puissance et l'éternité de Dieu » (Principe 10)[25].

La douzième figure établissait la triangulature du cercle, c'est-à-dire l'équivalence de celui-ci et du triangle. Sa signification est on ne peut plus claire. En effet, « le triangle, avec ses trois angles, signifie la divine Trinité, et comme ses trois angles sont égaux, il signifie que les trois personnes divines sont égales. Le cercle n'a aucune division et sa circonférence est continue. Il signifie l'unité de l'essence, de la vie, de la nature, de la bonté, de la grandeur, etc. divines ».

Nous voici au terme de la démarche lullienne. C'est l'affirmation du Dieu un et trine des chrétiens, d'un Dieu éternellement présent, éternellement actif, car l'essence divine dépourvue de son acte ne pourrait valoir autant que la vie, la sagesse, la volonté, etc. « Qui ôterait son acte à l'essence infinie causerait en elle la malice infinie » (Principe 20), ce qui permet de conclure : « La bonté infinie, qui est en Dieu son essence infinie, nous montre donc que l'essence infinie a son acte ; et l'acte prouve la génération et la spiration infinies sans lesquelles Dieu ne pourrait être, car il lui faut être pour produire[26]. »

Les *Questions* suivent le même ordre que les *Principes* et s'appuient sur eux. D'une façon générale, le nombre de questions correspond à celui des principes posés. Les chapitres 6 et 7 comportent en revanche plus de questions que de principes. Plusieurs questions se réfèrent alors à un même principe.

---

24. Représentation du mystère du Christ, énoncé par le concile de Chalcédoine (451). Voir DENZINGER-SCHÖNMETZER, *Enchiridion Symbolorum*, 36e éd., n. 300-303.
25. Ci-dessous I, chap. 11.
26. Ci-dessous I, chap. 12.

Dans tous les cas, les questions se présentent sous la même forme : énoncé, objection, réponse dite « solution ». L'énoncé est au style indirect et commence par la formule : « Il est demandé si... » La traduction a abrégé en utilisant le style direct. L'objection soutient en général le contraire de ce qui doit logiquement être répondu. La « solution » renvoie au principe correspondant, répond à l'objection en développant une argumentation nouvelle. Il arrive cependant que la réponse soit très brève, comme c'est le cas aux chapitres 8 et 9. Objection et réponse sont marquées par des tirets.

On ne saurait résumer ou analyser les trois cent trente-six questions traitées. A titre d'exemple, on en retiendra deux.

En rapport avec le Principe 20 cité ci-dessus, la question suivante est posée : « Si l'on ôtait son acte à l'infinité, y aurait-il en elle un mal infini, comme il y aurait une ignorance infinie dans la sagesse de Dieu privée de son acte ? » L'objection prétend que « l'on ne peut ôter son acte à l'infinité de Dieu, sans quoi elle ne pourrait être ». La réponse renvoie au Principe 20 et ne prend en compte l'objection qu'en partie. Ôter son acte à l'infinité divine (simple hypothèse d'école) ne la ferait pas disparaître, car Dieu est infini par son essence et par ses dignités, bonté, grandeur, éternité, etc. Or, essence et dignités ont nécessairement leurs actes[27].

Deuxième exemple : l'unification souhaitée des ordres de chevalerie. La question est ainsi énoncée : « Le pape devrait-il unifier l'ordre du Temple, celui de l'Hôpital et les autres ordres militaires ? » A cette question il est objecté que, plus les ordres de chevalerie sont nombreux, plus il y a d'hommes pour défendre la foi. Mais la vraie réponse est autre : en se reportant au Principe 6 du chevalier religieux, on voit que l'objection est sans valeur en ce qui concerne la vie des chevaliers et leur ardeur à combattre pour la foi, car le but

27. Ci-dessous II, chap. 12.

de la chevalerie est d'autant mieux poursuivi et atteint qu'il y a plus d'hommes sous le même uniforme. Mieux vaut un seul ordre de chevalerie, soumis à une même règle, pour la poursuite du même dessein, qu'une multiplicité d'ordres rivaux[28].

Finalité de l'œuvre

Tirer de la quadruture et de la triangulature du cercle des principes d'ordre théologique et religieux et répondre à des questions de même nature en se référant à ces principes, telle a donc été la démarche de Lulle.

Mais la réponse aux questions posées ne constitue pas un but en soi. La véritable finalité de l'œuvre est ailleurs, et les dernières pages du livre nous la révèlent. Ce qu'espère Lulle en écrivant cet ouvrage, c'est la conversion des musulmans, des « Sarrasins », à qui il faut faire admettre la Trinité et l'Incarnation.

Il faut leur prouver d'abord la Trinité. Ils admettraient alors facilement l'Incarnation, car, d'après le *Coran*, Mahomet dit que « Jésus-Christ est l'esprit et le Verbe de Dieu[29], qu'il est né de femme vierge, par l'Esprit Saint ». Les Sarrasins affirment qu'il est vivant au ciel, « qu'il est le meilleur homme qui ait jamais été et qui sera jamais ». Ils pensent que Marie a conçu étant vierge et qu'elle a enfanté vierge[30]. Bref, les Sarrasins sont « proches de notre foi » et peuvent être facilement convertis, pourvu qu'on leur fasse connaître la « sainte Trinité que Mahomet nie dans le *Coran* »[31].

---

28. Ci-dessous II, chap. 9 § Le chevalier religieux, quest. 6.
29. *Coran*, sourate III, versets 39, 45 ; sourate IV, verset 171.
30. *Coran*, sourate XIX, versets 16-34 ; sourate XXI, verset 91 ; sourate LXVI, verset 12.
31. *Coran*, sourate IV, verset 171 : sourate V, verset 73.

Parmi les Sarrasins, les premiers à convertir seraient « les philosophes et les autres sages ». On pourrait, grâce à eux, convertir aisément le peuple. Et, ajoute Lulle, si l'on pouvait convertir le peuple sarrasin, on pourrait amener à la foi chrétienne les autres peuples qui vivent dans l'ignorance de Dieu.

La preuve de la Trinité divine ne peut être apportée aux musulmans par les arguments habituels des chrétiens, à savoir par la connaissance et l'amour[32]. Les musulmans n'admettent pas, en effet, que, dans un acte de connaissance infinie le Père exprime son être propre et réalise l'idée de génération, tout comme ils n'admettent pas que le Père et le Fils en s'aimant mutuellement produisent le Saint-Esprit.

La preuve peut être fournie en revanche par « l'égalité des actes des dignités divines », telle qu'elle l'a été dans le présent traité. Mais la chose n'est pas si simple à réaliser. Lulle prétend avoir amené des musulmans à admettre la Trinité, telle qu'elle est tenue pour vraie par l'Église romaine. Mais ils lui ont rétorqué qu'il n'était pas un vrai chrétien, mais un hérétique. Les musulmans ont des excuses. Quel christianisme doivent-ils adopter s'ils abandonnent leur croyance ?

Il ne peut s'agir pour Lulle que de « la sainte foi catholique ». Malheureusement, lorsqu'on invite les musulmans à se convertir au christianisme, ils ne savent pas s'ils doivent entrer dans l'Église latine ou dans l'Église grecque, s'ils doivent adopter la foi des Jacobites, celle des Nestoriens ou d'autres schismatiques. En fait, les musulmans ignorent quelle foi est la vraie, puisque certains chrétiens sont contre d'autres. C'est pourquoi les catholiques et surtout leurs docteurs doivent agir pour que les schismatiques rejoignent l'Église romaine[33].

---

32. K. RAHNER — H. VORGRIMLER, *Petit Dictionnaire de théologie catholique*, Paris, 1970, p. 490.
33. Ces préoccupations se trouvaient déjà dans la *Dispute des cinq sages* (*Disputació dels cinc savis*, Barcelone, 1986 ; *Liber de quinque sapientibus*, Mayence, 1721 = réimpr. Francfort, 1965), écrite à Naples en 1294.

Il y a loin de ces considérations finales, développées sous le titre de *Principes de théologie*, au propos initial de la *Quadrature et Triangulature du cercle*. Elles fournissent la clé de l'ouvrage et en éclairent le développement. Délesté de son préambule géométrique, l'ouvrage mérite bien plutôt le titre de *Principes et Questions de théologie* que nous lui avons donné.

La présente édition

Le *De Quadratura* a été écrit en catalan. Nous disposons de quelques manuscrits, tous encore inédits, en leur langue originale[34].

Parmi les manuscrits latins, deux, complets, sont conservés à la Bayerische Staatsbibliothek de Munich : Clm 10510 (XIVᵉ-XVᵉ s.), Clm 10543 (XVᵉ s.). Le premier a servi de base à la présente édition. Le P. René Prévost en a établi le texte, encore inédit, et l'a traduit. La traduction a été revue grâce à deux manuscrits catalans, conservés également à Munich : cod. 602 (hisp. 58), du XIVᵉ s. ; cod. 607 (hisp. 64), de la fin du XIVᵉ ou du début du XVᵉ s.

De la première à la dernière page, ce qui fait en grande partie l'originalité du livre, c'est la notion de dignité divine sur laquelle s'appuient bon nombre de raisonnements.

On l'a vu, les « dignités » ou « raisons » sont des « unités simples » de l'essence divine. Lulle emploie indifféremment les deux termes. Dans un but d'uniformisation, la traduction a presque toujours préféré au mot « raison » celui de « dignité », plus conforme à la théorie établie par ailleurs, en particulier dans l'*Arbre de science*[35], écrit à Rome en 1295-1296.

---

34. Madrid, Bibl. del Palacio, cod. 2-K-8 ; Munich, cod. 602 (hisp. 58), cod. 607 (hisp. 64) ; Palma, Palacio Vivot, cod. 4.
35. *Arbre de ciència*, XIV, I (*Obres essencials*, I, p. 774-775). Éd. fr. de la quinzième partie, *Arbre des exemples*, Paris, 1986.

Les dignités sont actives ou, comme dit Lulle, elles ont leurs actes. Ceux-ci sont parfois exprimés par le terme catalan *actu* (latin *actum, actus*), mais le plus souvent par un verbe à l'infinitif. C'est ainsi que les actes de la bonté, de la grandeur, de l'éternité, de la puissance, de la sagesse, de la volonté, de la vertu, de la vérité et de la gloire sont respectivement : bonifier, magnifier, éterniser, possifier, comprendre, vouloir ou aimer, vertuifier, vérifier, glorifier, que Lulle emploie volontiers comme substantifs. Certains de ces verbes existent en catalan et en français. Ils ont seulement un sens particulier ici. Ainsi, bonifier c'est créer le bien, magnifier c'est créer le grand, etc. D'autres verbes, comme possifier, vertuifier, sont une création de Lulle. Chaque fois que cela a été possible, on a préféré la formule « l'acte de... » au verbe ; « possifier », par exemple, est parfois remplacé par « l'acte de la puissance ».

Les actes des dignités apparaissent quelquefois sous leurs trois formes corrélatives. Ainsi, le « bonifier » est considéré sous trois modes équivalents entre eux, mais distincts : le « bonifiant », qui exprime la capacité de créer le bien ; le « bonifiable » ou le « bonifié », qui exprime le bien susceptible d'être créé ou le bien créé ; le « bonifier » qui est l'acte de créer le bien. Aux actes des dignités s'ajoutent ceux de l'essence, de la nature, de l'infinité, de la cause, énoncés aussi avec leurs corrélatifs.

Au total, ce vocabulaire est d'une originalité qui peut surprendre, mais qui, somme toute, n'a rien de mystérieux et permet de se familiariser avec une œuvre dont la richesse n'est pas des moindres.

Armand LLINARÈS

PRINCIPES ET QUESTIONS DE THÉOLOGIE

Principes

Les principes de théologie sont les articles de la foi catholique et quelques autres notions que nous préciserons. Nous ferons connaître les uns et les autres suivant les principes de l'*Art général*[1], et ce qui a été dit des cercles de la première partie de ce traité.

Nous assurons que, si nous disons quelque chose contre la foi catholique, nous n'errons pas sciemment, mais inconsciemment et nous soumettons notre doctrine à l'appréciation de la sacro-sainte Église romaine universelle, notre mère[2].

D'emblée nous disons que Dieu n'a pas de corps, qu'il n'est pas une substance matérielle et quantifiable. Cependant c'est par les cercles, leurs mesures et leurs divisions que nous allons étudier des principes pour acquérir une plus grande connaissance de Dieu et de ses actes.

Après avoir découvert, dans la mesure du possible, quelques principes et en tirant profit de leur investigation, nous voulons donner en exemple quelques conclusions. En exposant ces principes et ces conclusions on pourrait prouver la

1. Voir note 4 de l'introduction.
2. Lulle, qu'on a parfois qualifié d'hétérodoxe, se veut absolument catholique de pure obédience. Les remarques de cet alinéa seront reprises dans la conclusion de l'ouvrage.

vérité de la sainte foi catholique aux Sarrasins et aux autres infidèles qui s'efforcent de la détruire[3].

Notre étude portera d'abord sur les principes tirés du premier cercle et se poursuivra avec les autres cercles.

3. Dans sa conclusion, Lulle exposera plus en détail les raisons de ce livre.

1

ESSENCE DIVINE ET DIGNITÉS

De même qu'à partir du sensible les espèces sont rassemblées dans l'imagination[1] où l'intelligence humaine considère les vérités des substances corporelles et de leurs accidents, de même, d'après ce que nous avons dit du cercle blanc, nous voulons considérer l'unité et l'essence de Dieu, pour autant que nous puissions le faire en cette vie, et comme Dieu les a posées par des similitudes[2] dans les créatures.

Le cercle blanc est le seul dont la surface n'est pas divisée. Il contient en puissance plusieurs unités, c'est-à-dire les lignes, les mesures et les figures des cercles suivants. De même, pour autant que la créature peut signifier sa cause et son créateur, nous disons que, tout comme le cercle blanc est le principe des autres cercles, de même et mieux encore,

---

1. L'imagination est, pour Lulle, une faculté intermédiaire entre les sens et les facultés de l'âme. Elle n'a pas la rationalité de celles-ci (intelligence, volonté, mémoire). Dans son *Arbre de science*, Lulle en fait une faculté commune aux animaux et à l'homme (*Obres essencials*, I, p. 608).

2. Lulle use du mot catalan *semblança*, c'est-à-dire « ressemblance », « similitude ». Comme chez Bonaventure, ce terme relève « d'une philosophie à l'exemplarisme systématisé », pour reprendre une formule de Éd. H. Wéber (S. BONAVENTURE, *Questions disputées sur le savoir chez le Christ*, Paris, 1985, p. 202).

Dieu est le principe simple, contenant en lui substantiellement, actuellement[3] et naturellement plusieurs unités simples. Nous disons donc que le principe premier de la théologie est un Dieu simple qui contient en lui substantiellement, actuellement et naturellement plusieurs unités simples.

Les unités que Dieu contient en lui substantiellement, actuellement et naturellement sont ses raisons ou dignités que nous lui attribuons, c'est-à-dire qu'il y a en Dieu une bonté, une grandeur, une éternité, une puissance, une sagesse, une volonté, une vertu, une vérité, une gloire, qui toutes sont un seul Dieu. Dieu est donc bon par sa bonté, il est grand par sa grandeur, éternel par son éternité, etc. Ceci étant, ces raisons ou dignités divines sont, tout comme Dieu[4], les principes premiers de la théologie.

Nous pouvons dire aussi que Dieu est le principe et le sujet de la théologie avec les actes de ses dignités. Ainsi, l'acte de sa bonté, qui consiste à produire le bien, l'acte de sa grandeur, qui consiste à produire le grand, sont des principes théologiques. La production du bien, du grand et les actes des autres dignités divines sont donc des principes théologiques.

Conclusions

Si Dieu est un principe simple contenant en lui substantiellement, actuellement et naturellement plusieurs unités, il faut qu'il produise nécessairement en lui et de lui, par ses

---

3. Comparaison entre Dieu et le premier cercle : celui-ci contient en puissance les autres figures, tandis que Dieu contient « actuellement », en acte, les dignités.

4. Les dignités divines sont en effet Dieu. Voir cette formule de l'*Arbre de science*, XIV, II : « La substance est cet être parfait dans lequel les raisons sont fondées ; mais nous disons qu'elle et les raisons sont une même essence, une même nature, une même déité, elles sont Dieu » (*Obres essencials*, I, p. 775).

actes éternels et infinis, un Dieu simple, éternel, infini, bon, puissant, etc. Il est donc nécessaire que Dieu n'ait pas de dignités oisives et qu'il suive la nature de ses unités coessentielles[5]. On peut en déduire qu'un seul Dieu produit Dieu. C'est là un principe de théologie qui fait de celle-ci une science.

Nous pourrions dire encore que, tout comme l'unité divine est à la fois bonne, grande et puissante, la sagesse divine doit comprendre et la volonté divine vouloir, car en Dieu la sagesse, la volonté et les autres dignités sont égales au sein de l'unité.

Par son unité, Dieu produit un seul Dieu, afin d'accomplir l'acte d'unir. De même, il accomplit l'acte de comprendre par sa sagesse, l'acte de vouloir par sa volonté, l'acte de produire le bien, etc. On peut ajouter que, puisque Dieu est bon par sa bonté, grand par sa grandeur, éternel par son éternité, puissant par sa puissance, etc., il ne peut être mauvais, ni petit, ni soumis au temps, ni impuissant, etc. Dieu produit donc le bien en lui et par lui sans le mêler de mal, il produit le grand sans petitesse, l'éternel hors du temps, etc.

---

5. Unités coessentielles = autre désignation des dignités ou raisons.

2

DIEU ACTE

Le deuxième cercle est divisé en deux demi-cercles. De cette division nous tirerons, dans la mesure du possible, des principes de théologie de façon à répondre à plusieurs questions et à éclaircir plusieurs difficultés.

1. L'activité intrinsèque de Dieu vaut autant que son existence.

2. Dieu est Dieu autant par son activité intrinsèque que par son existence.

3. Dieu peut faire de lui-même autant qu'il est lui-même.

4. En Dieu une dignité est égale à une autre.

5. La bonne activité intrinsèque de Dieu vaut autant que sa bonté, sa grande activité autant que sa grandeur et son infinité, son activité éternelle autant que son éternité, sa compréhension autant que son intelligence, son vouloir autant que sa volonté, etc.

6. Dieu, infini, doit produire une personne infinie plutôt qu'une personne finie.

7. Dieu, éternel, doit agir éternellement plutôt que créer.

8. Dieu, cause simple, doit produire le simple plutôt que le complexe.

9. Dieu, acte infini, ne peut être oisif.

10. Dieu, éternel et infini, peut plus par lui-même que par un être qui ne serait ni éternel ni infini.

11. Dieu est éloigné de toute contrariété par sa concordance et de toute malice par sa bonté.

12. Dieu est éloigné de l'inégalité par son égalité et de l'ignorance par son intelligence.

13. La miséricorde et la justice sont égales en Dieu.

14. Dieu et ses dignités sont permutables.

15. Dieu est si parfait qu'il n'a aucun défaut.

16. Nulle créature ne peut égaler Dieu.

17. Dieu peut disposer de la créature plus qu'elle-même.

18. Dieu peut mettre dans la créature plus de noblesse qu'elle ne peut en recevoir.

19. Dieu a, sans médiateur, plus de pouvoir sur la créature que la créature avec médiateur.

20. La nature de Dieu est égale à son essence.

Ces maximes et plusieurs autres que nous pourrions énoncer sont des principes de théologie dont on peut tirer des conclusions.

Conclusions

1. L'activité intrinsèque de Dieu vaut autant que son existence, c'est-à-dire autant que son essence et son être. Dieu doit donc avoir nécessairement son acte intrinsèque autant que son existence, sinon il n'aurait pas un juste vouloir et sa volonté serait oisive, ce qui est impossible. Dieu aime donc son acte intrinsèque autant que lui-même, ce qu'il ne pourrait faire s'il ne produisait pas Dieu par son activité de soi et par soi. Comme il est lui-même Dieu par son existence, il aime être Dieu par son activité intrinsèque. Dieu produit donc Dieu.

2. Dieu est Dieu autant par son activité que par son existence. Il a donc une fin aussi noble par son activité que par

son existence. Dieu produit donc et multiplie Dieu. Nous ne disons pas cependant que Dieu crée un autre Dieu, mais qu'il s'engendre lui-même.

3. Dieu peut faire de lui-même autant qu'il est lui-même. Il faut donc qu'il produise Dieu de lui-même, car sa puissance ne peut être oisive. Elle ne peut l'être parce que tout ce qui est en Dieu est en acte, éternellement et infiniment présent. Dieu, puisqu'il peut produire de soi, de soi il produit donc Dieu.

4. En Dieu une dignité est égale à une autre. L'acte d'une dignité vaut donc nécessairement celui d'une autre. Dieu se comprend donc parfaitement par sa sagesse, il s'aime totalement par sa volonté, il agit infiniment par son infinité, il agit éternellement par son éternité, il glorifie tout par sa gloire, il agit parfaitement par sa perfection. Dieu, qui agit infiniment, produit donc l'infini. En glorifiant il produit le glorifié, en agissant parfaitement il produit le parfait, ce qu'il ne pourrait faire s'il ne se produisait pas lui-même.

5. La bonne activité de Dieu vaut autant que sa bonté, sa grande activité autant que sa grandeur, son activité éternelle autant que son éternité, etc. L'activité intrinsèque de Dieu vaut donc nécessairement autant que lui-même, puisqu'il est avec ses dignités permutable dans l'unité. Il en résulte nécessairement que Dieu agit Dieu[1] de lui-même autant qu'il est lui-même Dieu.

6. Dieu, infini, doit produire une personne infinie plutôt qu'une personne finie. Au lieu de produire un être fini, Dieu doit produire un être infini et éternel, sinon il ne ferait pas ce qui lui convient le mieux, mais ce qui lui convient moins, ce qui est impossible.

7. Dieu, éternel, doit agir éternellement plutôt que créer dans le temps. Dieu a créé le monde. Pour faire ce qui lui

---

1. « Dieu agit Dieu. » Dieu est acte : étant acte en lui-même, il est à la fois sujet et objet. C'est le principe de la génération du Fils et de la production du Saint-Esprit à l'intérieur même de la nature divine.

convient le mieux, il a dû produire éternellement Dieu de lui-même, puisque la création du monde dans le temps ne lui était pas nécessaire.

8. Dieu, cause simple, doit produire une cause simple plutôt qu'une complexe. Dieu produit donc d'abord une cause simple, après quoi il en produit une complexe.

9. Dieu, acte infini, ne peut être oisif. Dieu accomplit donc naturellement, éternellement et infiniment les actes éternels et infinis de ses dignités, ce qu'il ne pourrait faire autrement.

10. Dieu, éternel et infini, peut plus par lui-même que par un autre. Dieu produit donc de lui-même quelque chose de bon, autrement sa puissance produirait peu et non beaucoup, ce qui est impossible.

11. Dieu est éloigné de toute contrariété par sa concordance et de toute malice par sa bonté. Il doit donc y avoir pluralité en Dieu, sinon la concordance serait sans objet, et l'acte de concorder pour que sa concordance ne soit pas oisive.

12. Dieu est éloigné de toute inégalité par son égalité et de l'ignorance par son intelligence. Il y a donc en Dieu pluralité, sinon l'égalité serait sans objet.

13. La miséricorde et la justice sont égales en Dieu. Tout pécheur doit donc craindre Dieu parce qu'il est juste, autant qu'il peut espérer en lui parce qu'il est miséricordieux.

14. Dieu est permutable avec ses dignités. Dieu et les actes de ses dignités le sont donc, comme le sont les dignités et leurs actes. Comme il y a en Dieu synonymie de lui-même, de ses dignités et de leurs actes intrinsèques, cette synonymie prouve qu'il y a en Dieu une production aussi bonne, aussi grande, aussi éternelle, etc. que lui-même est bon, grand, éternel, etc. On peut ainsi répondre aux questions de ceux qui veulent prouver que le monde est éternel[2]. Ils

2. « Ceux qui veulent prouver que le monde est éternel » : allusion à Averroès et aux averroïstes que Lulle prendra nommément à partie lors de son

disent que si le monde avait été créé, Dieu en aurait subi une altération en créant du nouveau, ce qu'il n'a pas coutume de faire. Mais Dieu n'est pas soumis au changement. Qu'il ait créé le monde de rien, cela prouve justement une production infinie et éternelle, qui ne peut lui apporter aucun changement.

15. Dieu est si parfait qu'il n'a aucun défaut. La puissance de Dieu peut maintenir parfaite, de perfection éternelle et infinie, une personne parfaite. De même, par sa puissance Dieu peut conserver son immutabilité, bien que, par la création, il produise du nouveau.

16. Nulle créature ne peut égaler Dieu. Le monde ne peut donc être éternel. S'il pouvait l'être, il serait égal à Dieu en durée. De même il pourrait être égal aux autres dignités de Dieu, éternelles comme Dieu.

17. Dieu peut disposer de la créature plus qu'elle-même. S'il en est ainsi, Dieu doit donc en disposer surnaturellement, ce que ne peut faire la créature. Dieu agit donc surnaturellement pour que sa puissance et ses autres dignités ne restent pas oisives.

18. Dieu peut mettre dans la créature plus de qualités qu'elle ne peut en recevoir. Avec sa puissance, sa bonté, son éternité infinie et ses autres dignités, Dieu pourrait rendre infinie la créature, si elle-même pouvait l'être[3]. La créature ne peut donc rendre Dieu fini, ni le limiter, puisqu'elle ne peut recevoir l'infinité de Dieu.

19. Dieu, sans médiateur, a plus de pouvoir sur la créature que la créature avec médiateur. Dieu peut faire une créature nouvelle à partir de rien, la diriger et agir sur elle surnaturellement.

dernier séjour parisien (1309-1311). Il leur consacrera alors plusieurs ouvrages dont une *Disputatio Raymundi et averroistae* (« Corpus christianorum. Continuatio Mediaevalis », t. 32, Turnhout, 1975).

3. Dieu seul est infini, sans bornes, sans commencement ni fin. La créature a eu un commencement, elle aura nécessairement une fin : elle ne peut être infinie.

20. La nature de Dieu est égale à son essence. Toute nature demande à naturer autant que l'essence à être. Il y a donc en Dieu un naturer de sa nature et par conséquent une multiplication des personnes. Toute dignité de Dieu a donc un acte naturel, étant donné qu'en Dieu la nature, l'essence et l'être sont synonymes.

3

LA TRINITÉ

Trois rayons divisent le troisième cercle en trois parties éga-les. A partir de là nous posons des principes pour prouver que Dieu a trois propriétés personnelles distinctes. De ces principes nous tirerons des conclusions et des significations au sujet de la bienheureuse Trinité.

1. L'essence divine ne saurait être naturellement toute-puissante sans « déifiant », « déifiable » et « déifier »[1].

2. La puissance, l'objet et l'acte son naturellement, coes-sentiellement et substantiellement en toute dignité divine.

3. Si la bonté divine pouvait être grande sans un « agent », un « agi » et un « agir » coessentiellement, natu-rellement et substantiellement bons, elle pourrait être insigni-fiante tout en ayant en elle un « agent », un « agi » et un « agir » coessentiellement, naturellement et substantiellement bons.

4. Si la grandeur divine pouvait être bonne sans un « agent », un « agi » et un « agir » coessentiellement, natu-rellement et substantiellement grands, elle pourrait être mau-vaise tout en ayant en elle un « agent », un « agi » et un

---

1. Ces corrélatifs et ceux qui suivent sont à l'image de la Trinité.

« agir » coessentiellement, naturellement et substantiellement grands.

5. L'unité divine ne pourrait être parfaite sans « unissant », « unissable » et « unir » coessentiels, naturels et substantiels.

6. L'unité divine ne pourrait contenir un nombre parfait pair et impair sans un « un » qui soit de un et un « un » qui soit de deux.

7. Dieu ne pourrait être nombré parfaitement, naturellement et réellement sans un nombre naturel et réel pair et impair.

8. Qui ôterait et enlèverait à l'essence de Dieu le nombre naturel et réel pair et impair ôterait et enlèverait à sa sagesse le nombre naturel et réel de « comprenant », de « compris » et de « comprendre ». Il ôterait et enlèverait aussi à son amour le nombre naturel et réel d'« aimant », d'« aimable » et d'« aimer ».

9. Si Dieu pouvait être cause parfaite sans égalité coessentielle du « causant », du « causé » et du « causer », il pourrait être cause parfaite avec un « causant », un « causé » et un « causer » accidentels[2].

10. Si, dans la cause divine, trois modes naturels ne suffisaient pas, c'est-à-dire la cause causante non causée, la cause causée causante et la cause causée non causante[3], il ne pourrait y avoir une cause parfaite dans l'infinité et l'éternité de Dieu.

11. Dieu est cause parfaite, et qui lui ôterait l'égalité du « concordant », du « concordé » et du « concorder » la lui ôterait nécessairement par inégalité et contrariété.

12. Si le « donnant », le « donné » et le « donner » n'étaient pas essentiellement égaux, l'essence de Dieu ne pourrait être généreuse.

2. L'accidentel c'est pour Lulle le non-naturel. La formule est reprise ci-dessous dans la conclusion correspondante.
3. Désignations du Père, du Fils et du Saint-Esprit.

13. Si Dieu ne pouvait se donner également par nature et par amour, il ne pourrait s'aimer naturellement et également par générosité et par volonté.

14. Si dans la générosité divine l'un ne pouvait se donner à l'autre, ni deux se donner à l'un, l'essence divine n'aurait pas de générosité du pair et de l'impair.

15. Si le « puissant », le « possible » et le « pouvoir » n'étaient pas égaux dans la puissance divine, le « puissant » et le « pouvoir » ne pourraient lui suffire.

16. Si l'éternité divine ne pouvait être parfaite par l'égalité de l'« éternisant », de l'« éternisable » et de l'« éterniser », elle le serait par leur inégalité.

17. Sans égalité du « naturant », du « naturable » et du « naturer », la nature divine ne pourrait être aussi grande, aussi puissante, aussi bonne.

18. Si la propriété singulière et la propriété commune[4] n'étaient pas égales dans l'essence divine, celle-ci serait privée de la souveraine concordance.

19. La puissance qui ne peut être de soi-même éternellement et infiniment plus grande est la toute-puissance de Dieu, éternel et infini.

20. Les dignités divines ne pourraient également magnifier, éterniser et concorder sans l'égalité du « distinguant », du « distinct » et du « distinguer ».

Conclusions

1. L'essence divine ne saurait être naturellement toute-puissante sans égalité du « déifiant », du « déifiable » et du « déifier ». Elle doit avoir en elle également le « déifiant », le « déifiable » et le « déifier » pour être naturellement toute-

---

4. Propriété singulière, propriété commune : par exemple, le Père est propriété singulière en tant que Père ; il est propriété commune en tant qu'avec le Fils il produit le Saint-Esprit.

puissante. Il y a donc nécessairement en Dieu une Trinité, existant par l'égalité du « déifiant », du « déifiable » et du « déifier », qui sont totalement Dieu dans toute son essence et son unité.

2. La puissance, l'objet et l'acte naturels, coessentiels et substantiels de toute dignité divine, sont égaux. Il y a donc une Trinité égale à chacune des dignités divines. Mais comme celles-ci sont permutables dans l'unité de Dieu, toutes ensemble sont égales à la seule Trinité.

3. Pour être grande, la bonté divine a en elle un « agent », un « agi » et un « agir » coessentiellement, substantiellement et naturellement bons. Et comme l'« agent », l'« agi » et l'« agir » ne peuvent être dans la bonté divine sans être distingués, et que celle-ci ne pourrait être grande sans eux, il faut nécessairement que la Trinité de personnes soit en elle, qu'une personne soit l'égale d'une autre et que toutes trois valent la bonté elle-même.

4. La grandeur divine ne peut être bonne sans un « agent », un « agi » et un « agir » naturellement et substantiellement grands. La grandeur divine doit être bonne et ne peut avoir d'« agent », d'« agi » et d'« agir » grands sans qu'ils soient distingués. Elle doit donc avoir nécessairement en elle une Trinité de personnes aux propriétés personnelles distinctes.

5. L'unité divine ne pourrait être parfaite sans l'« unissant », l'« unissable » et l'« unir » coessentiels, naturels et substantiels. Elle doit donc contenir les trois, car sans leur distinction, elle ne pourrait être, le nombre trois ne pourrait lui être égal.

6. L'unité divine ne pourrait contenir le nombre naturel et parfait pair et impair, sans un « un » qui procède naturellement de l'un et sans un « un » qui procède naturellement de deux[5]. L'unité divine doit donc contenir naturelle-

5. Désignations du Fils et du Saint-Esprit.

ment le nombre pair et impair pour être pleine du nombre naturel et pour que le nombre pair et impair soit compris en elle. Elle doit donc avoir nécessairement en elle le nombre pair et impair, et ce nombre doit être de trois personnes seulement, car par le nombre trois elle peut être parfaite, paire et impaire. Et comme dans l'unité de Dieu l'un est de l'autre et l'un est de deux, il faut que l'un vaille autant que celui dont il est, et que l'autre vaille autant que les deux dont il procède, car leur unité est indivisible.

7. Dieu ne peut être naturellement et parfaitement nombré hors du nombre pair et impair. S'il pouvait être nombré par un seul nombre, il lui manquerait le nombre naturel pair et impair, car s'il pouvait se nombrer seulement par lui-même, le nombre naturel pair lui manquerait, et s'il pouvait se nombrer seulement par le nombre pair, le nombre naturel impair lui manquerait. Comme Dieu doit être nombré parfaitement par son intelligence qui comprend son nombre, par sa volonté qui l'aime, par sa bonté, etc., il doit être nombré par le nombre trois, dans lequel sont compris le pair et l'impair. Il est des deux et le nombre parfait est en lui.

8. Qui ôterait et enlèverait de l'essence de Dieu le nombre réel et naturel pair et impair ôterait et enlèverait de la sagesse de Dieu le nombre réel et naturel de « comprenant », de « compris » et de « comprendre » ; il ôterait et enlèverait de son amour le nombre naturel d'« aimant », d'« aimable » et d'« aimer ». Sans ce nombre naturel et réel, Dieu ne pourrait nombrer naturellement sa sagesse et son amour. Et comme il peut se nombrer naturellement et consubstantiellement par son amour et sa sagesse, le nombre trois doit nécessairement être en lui, sans aucun accident. Le pair et l'impair doivent être à égalité dans ce nombre, pour que Dieu puisse le nombrer également.

9. Si Dieu pouvait être cause parfaite sans égalité du « causant », du « causé » et du « causer » coessentiels, il

pourrait l'être par un « causé » et un « causer » accidentels. Ceux-ci pourraient donc être plus nobles, plus vrais et plus vertueux que le « causé » et le « causer » naturels. Ils seraient plus proches du « causant », ce qui serait contradictoire. Dieu ne peut donc être cause parfaite sans « causant », « causé » et « causer » coessentiels et naturels. C'est par eux qu'il est cause parfaite. Ces trois modes égaux constituent une seule cause, Dieu, leur essence.

10. Si l'essence divine ne se satisfaisait pas de trois modes substantiellement naturels, c'est-à-dire de la cause causante non causée, de la cause causée causante et de la cause causée non causante[6], elle ne pourrait être parfaite dans l'infinité et l'éternité de Dieu. Comme elle est parfaite, ces trois modes suffisent donc à la cause souveraine, éternelle et infinie. Ils existent dans l'essence divine, cause parfaite. Appliqués à la souveraine et divine Trinité, ces trois modes sont égaux entre eux, car tous les trois sont nécessairement l'essence souveraine de la cause.

11. Dieu est cause parfaite, et qui lui ôterait le « concordant », le « concordable » et le « concorder » les lui enlèverait par inégalité et contrariété. La cause parfaite ne peut donc exister sans égalité du « concordant », du « concordable » et du « concorder ». La souveraine Trinité est donc en Dieu, cause parfaite.

12. Si le « donnant », le « donné » et le « donner » ne pouvaient être égaux dans aucune essence, l'essence de Dieu ne pourrait être naturellement généreuse. Si Dieu n'était pas naturellement généreux, il ne pourrait rien donner naturellement. Sa puissance serait donc médiocre, car il ne pourrait donner éternellement et infiniment, ce qui est impossible. Mais, puisque la grandeur et l'éternité sont permutables en lui, Dieu peut se donner éternellement et infiniment, donner totalement sa compréhension et son amour. Cela ne pour-

---

6. Désignations du Père, du Fils et du Saint-Esprit.

rait être s'il n'y avait pas en Dieu trois personnes distinctes, aux propriétés personnelles naturellement égales par le « donnant », le « donné » et le « donner ».

13. Si Dieu ne pouvait se donner également par nature et par amour, il ne pourrait s'aimer naturellement et également par générosité et volonté. S'il en était ainsi, il manquerait de puissance et de volonté, ce qui est impossible, car Dieu peut s'aimer également par générosité et volonté. Il y a donc en Dieu un « donnant », un « donné » et un « donner » naturels et égaux, qui prouvent la souveraine Trinité.

14. Si l'un ne pouvait se donner à l'autre, ni deux se donner à l'un dans la générosité divine, il n'y aurait pas de générosité du pair et de l'impair dans l'essence divine. Il y aurait donc une imperfection du donner dans la souveraine générosité. Comme il ne peut y avoir de défaut en elle, la Trinité est donc en Dieu par le don du pair et de l'impair.

15. Si le « puissant », le « possible » et le « pouvoir » n'étaient pas naturellement égaux dans la puissance divine, le « possible » et le « pouvoir » ne pourraient lui suffire. La puissance de Dieu n'accomplirait pas son acte, mais serait éternellement et infiniment en puissance[7], une chose éternellement finie et oisive. Elle n'aurait pas de sujet, n'ayant pas d'acte éternel et infini. Comme en Dieu il ne peut y avoir d'imperfection, le « puissant », le « possible » et le « pouvoir » doivent être naturellement et éternellement égaux dans la puissance divine. Leur égalité prouve la bienheureuse Trinité de Dieu.

16. Si l'éternité divine ne pouvait être parfaite par l'égalité de l'« éternisant », de l'« éternisable » et de l'« éterniser », elle le serait par leur inégalité. Il faut donc distinguer l'« éternisant », l'« éternisable » et l'« éterniser » qui doivent être égaux entre eux. La divine Trinité existe donc. Comme l'éternité divine ne peut être parfaite par l'inégalité de

7. Ici, puissance s'oppose à acte.

l'« éternisant », de l'« éternisable » et de l'« éterniser », elle doit l'être par leur égalité, ce qui suppose leur distinction.

17. Sans égalité du « naturant », du « naturable » et du « naturer » la nature divine ne pourrait être toute grande, toute-puissante et toute bonne. Il y a donc nécessairement Trinité en Dieu, car la grandeur, la puissance et la bonté sont au plus haut degré dans la nature divine, ce qu'elles ne pourraient être si elles étaient oisives et sans égalité du « naturant », du « naturable » et du « naturer ».

18. Si la propriété singulière et la propriété commune n'étaient pas égales dans l'essence divine, celle-ci serait privée de leur souveraine concordance. On doit donc distinguer en Dieu le propre et le commun, c'est-à-dire la propriété singulière et la propriété commune. La propriété singulière est la propriété paternelle, filiale et la spiration passive. La propriété commune est celle que le Père et le Fils ont de produire en commun le Saint-Esprit[8].

19. La puissance qui ne peut être de soi-même éternellement et infiniment plus grande est la toute-puissance de Dieu, éternelle et infinie. En Dieu il y a donc nécessairement distinction des personnes, sans laquelle sa puissance ne pourrait rien produire éternellement et infiniment de soi.

20. Sans égalité du « distinguant », du « distinct » et du « distinguer » les dignités divines n'auraient pas dans l'essence de Dieu de sujet où leurs actes pourraient être égaux. Comme elles doivent avoir ce sujet pour pouvoir mieux s'accorder les unes les autres et comme aucune n'est oisive, il faut nécessairement distinguer dans l'essence divine entre « distinguant », « distinct » et « distinguer ». Ainsi, le « distinguant », que nous appelons Dieu le Père, se fait éternellement grand en produisant le Fils, éternellement grand, et le Père et le Fils, par leur accord éternellement parfait, produisent le Saint-Esprit, éternellement grand.

8. Voir ci-dessus note 4.

4

L'ÉGALITÉ EN DIEU

Le quatrième cercle est divisé par deux diamètres en quatre secteurs égaux. Nous considérons qu'il y a égalité dans l'essence divine de quatre façons, signifiées par ce cercle et par son centre, commun aux quatre secteurs. Il y a d'abord égalité des trois propriétés personnelles. Deuxième égalité : dans l'essence divine une propriété personnelle en vaut deux. Troisième égalité : l'essence divine a des propriétés communes, c'est-à-dire les dignités ou raisons, égales entre elles. Quatrième égalité : dans l'essence divine les propriétés personnelles et les propriétés communes sont égales entre elles et leur égalité vient de leur essence, elle-même étant plus indivisible que le centre du cercle.

Pour prouver cette égalité nous posons les principes suivants et nous montrons la vérité de la bienheureuse Trinité de Dieu.

1. Dieu est bon par sa bonté. Pour l'être autant par l'acte de sa bonté, il faut qu'il se fasse aussi bon, si l'on peut dire, qu'il l'est.

2. Dieu est grand par sa grandeur. Pour l'être autant par l'acte de sa grandeur, il faut qu'il se fasse aussi grand qu'il l'est.

3. Dieu est éternel par son éternité. Pour l'être autant par l'acte de son éternité, il faut qu'il se fasse éternel autant qu'il l'est.

4. Dieu est puissant par sa puissance. Pour l'être autant par l'acte de sa puissance, il faut qu'il se fasse aussi puissant qu'il l'est.

5. Dieu est sage par sa sagesse. Pour l'être autant par l'acte de sa sagesse, il faut qu'il se fasse aussi sage qu'il l'est.

6. Dieu est aimant par sa volonté. Pour l'être autant par l'acte de sa volonté, il faut qu'il se fasse aussi aimant qu'il l'est.

De ces principes on pourrait tirer plusieurs conclusions d'ordre théologique. On pourrait aussi les appliquer aux autres dignités de Dieu, comme nous les avons appliqués à la bonté, à la grandeur, à l'éternité, à la puissance, à la sagesse, à la volonté. Quand nous disons que Dieu doit se faire bon, grand, éternel, puissant, sage, aimant, nous voulons dire que Dieu le Père se fait bon, grand, éternel, puissant, sage, aimant en Dieu, c'est-à-dire en Dieu le Fils, comme Dieu le Père et Dieu le Fils se font dans le Saint-Esprit ; nous allons le prouver à partir des principes ci-dessus.

7. Dieu est bon par sa bonté. Pour être aussi bon, si l'on peut dire, par l'acte de sa bonté, il faut qu'il se fasse aussi bon qu'il l'est. Il ne pourrait le faire si, de l'essence de sa bonté, il n'engendrait Dieu, pour accomplir un acte aussi bon que sa bonté. Il y a donc en Dieu une propriété personnelle, paternelle et filiale. Comme le Père et le Fils sont en relation mutuelle[1] et qu'une propriété est égale à une autre, quand le Père engendre le Fils de toute sa bonté, chaque propriété personnelle a la bonté des deux[2]. Il en est ainsi

---

1. « Relation mutuelle » : c'est la mutuelle inhabitation du Père et du Fils (*Évangile selon saint Jean*, 10, 30 ; 14, 10).
2. Comme le Fils est « dans le Père » et le Père « dans le Fils », chacun a la bonté des deux.

de l'acte de la bonté. En engendrant son Fils, Dieu est donc aussi bon par l'acte de sa bonté que par sa bonté.

8. Dieu est grand par sa grandeur. Il se fait grand pour l'être autant par l'acte de sa grandeur. Il ne pourrait le faire s'il n'engendrait pas Dieu de toute sa grandeur. Dieu est une personne qui engendre une autre personne qui est Dieu. Dieu le Père engendre Dieu le Fils pour être aussi grand par l'acte de sa grandeur que par sa grandeur. Lorsqu'il engendre Dieu le Fils de toute sa grandeur, Dieu le Père se fait aussi grand qu'il l'est.

9. Dieu se fait éternel pour l'être autant par l'acte de son éternité que par son éternité. S'il était plus grand par son éternité que par l'acte de celle-ci, il serait infini par son essence et fini par son acte. Dieu serait donc une essence divisée puisque l'acte divin ne serait pas toute l'essence, ni de toute l'essence, ce qui est impossible. Dieu ne serait pas aussi grand par l'acte de son éternité s'il n'engendrait pas de toute éternité Dieu le Fils, aussi éternel que lui-même. Dieu le Père engendre Dieu le Fils, dans lequel il se fait aussi éternel qu'il l'est par son éternité. C'est pourquoi le Père, le Fils, l'éternité et son acte sont égaux en Dieu.

10. Dieu se fait aussi puissant qu'il l'est par sa puissance. Il doit le faire pour être aussi puissant par l'acte de sa puissance que par l'essence de celle-ci. Il ne pourrait le faire s'il n'engendrait de toute sa puissance Dieu le Fils, car le Père et le Fils pourraient se comporter naturellement comme n'étant pas le Père et le Fils. Dieu le Père engendre donc le Fils de sa puissance, et le Père, le Fils, la puissance et son acte sont égaux en Dieu.

11. Dieu se fait aussi sage par l'acte de sa sagesse qu'il l'est par sa sagesse. Il ne pourrait le faire s'il n'engendrait pas Dieu de toute sa sagesse, pour que sa sagesse et son intelligence, Dieu le Père et Dieu le Fils, soient égaux, pour être sage par son intelligence comme par sa sagesse.

12. Dieu se fait aussi aimant qu'il l'est par sa volonté. Il

doit le faire pour être aussi grand, aussi parfait par l'acte de sa volonté que par sa volonté. Il doit, par son vouloir, être Dieu, ce qu'il ne pourrait être s'il ne se faisait pas aussi grand, aussi parfait par son « vouloir » ou son « aimer »[3], qu'il est grand et parfait par sa volonté ou son amour. Ainsi Dieu est aussi aimant par l'acte de sa volonté que par sa volonté ou son amour. Il ne pourrait l'être si Dieu le Père et Dieu le Fils ne se portaient un amour mutuel comme leur volonté. L'un aimant l'autre, ils produisent le Saint-Esprit dans lequel ils se font aussi aimants que leur volonté. Les trois propriétés personnelles, la volonté et son acte sont donc égaux.

---

3. L'acte de la volonté est indifféremment « vouloir » ou « aimer ». Le plus souvent pour Lulle c'est l'acte d'aimer, ou, comme il dit, « l'aimer », avec ses corrélatifs « aimant », « aimable » ou « aimé ».

5

PRODUCTION
DES PERSONNES DIVINES

En ajoutant aux trois côtés du triangle équilatéral inscrit dans le cercle une ligne mathématique égale à chacun de ces côtés on obtient un carré égal au cercle. Aussi peut-on considérer quatre principes théologiques dont peuvent être tirées des conclusions au sujet de Dieu.

Ces principes sont les suivants :

1. Dieu est Dieu de soi et par soi.
2. Dieu est Dieu de Dieu.
3. Dieu est Dieu en Dieu.
4. Dieu a Dieu en Dieu.

Conclusions

1. Dieu est Dieu de soi et par soi. Dieu est de soi parce qu'il n'est pas d'une essence autre que Dieu. Dieu est par soi parce qu'il est Dieu de lui-même et qu'il n'est soumis ni lié à aucun être. En Dieu, être de soi et être par soi sont synonymes. On peut en déduire que, puisque Dieu peut pro-

duire de lui-même parce qu'il est de soi, il peut aussi produire par lui-même pour la même raison, etc.

2. Dieu est Dieu de Dieu. Ce principe est professé par la sainte Église romaine qui le dit « vrai Dieu du vrai Dieu, lumière de lumière »[1]. Ce principe établi peut être prouvé en considérant ce que nous avons dit de Dieu à partir des quatre premiers cercles. On peut le prouver également de la manière suivante : Dieu est Dieu de soi et par soi. Il faut donc qu'il ait Dieu par soi et de soi, pour que, en lui, l'« éterniser » puisse être de l'« éternisant » et de l'« éternisable », l'« infinir » de l'« infinissant » et de l'« infinissable », le « glorifier » du « glorifiant » et du « glorifiable », etc. Cela ne pourrait être si Dieu n'était pas de Dieu, c'est-à-dire Dieu le Fils de Dieu le Père, et Dieu le Saint-Esprit de Dieu le Père et de Dieu le Fils.

3. Dieu est en Dieu. Si Dieu est Dieu en Dieu, il faut qu'il soit en Dieu et non en dehors de Dieu, par qui il est Dieu. De ce que Dieu est en Dieu on peut déduire qu'une propriété personnelle est dans une autre, sinon elle ne pourrait être ce qu'elle est. On peut dire encore qu'une dignité divine est dans une autre, puisque les dignités divines sont permutables dans les personnes divines, etc.

4. Dieu a Dieu en Dieu. Notre sainte mère l'Église professe que le Père en aimant le Fils et le Fils en aimant le Père produisent par leur amour mutuel le Saint-Esprit en une commune spiration[2]. Tout en conservant la foi on peut

---

1. « Lumière de lumière, vrai Dieu du vrai Dieu » : article du Credo (Denzinger-Schönmetzer, *Enchiridion Symbolorum*, 36e éd., n. 150).

2. « Commune spiration ». Voir concile de Lyon-II (1274), *De processione Spiritus Sancti* : « Fideli ac devota professione fatemur quod Spiritus Sanctus aeternaliter ex Patre et Filio, non tanquam ex duobus principiis, sed tanquam ex uno principio, non duabus spirationibus, sed unica spiratione procedit » (Denzinger-Schönmetzer, *ouvr. cité*, n. 850). Sur la position de Lulle, voir E. Kamar, *La controverse sur la procession du Saint-Esprit dans les écrits de R.L.*, « Estudios Lulianos » n° 1 (Palma, 1957), p. 31-43, 207-216.

induire nécessairement ce principe établi. Certes, la foi est sauve quand on pose que si on ne comprenait pas nécessairement le principe ci-dessus on le croirait. Mais la démonstration est infiniment plus probante, car l'intelligence humaine peut refuser de croire si elle est seulement amenée à croire par conviction. Que ce principe puisse être démontré, nous le prouvons de la manière suivante :

Si, dans l'essence divine, Dieu le Père a le Fils par nature et le Saint-Esprit par amour, il a plus par nature et par amour que par nature ou par amour seulement. Et comme Dieu a Dieu par nature et par amour plus que par un mode seulement, et que Dieu doit avoir nécessairement Dieu le plus possible, il faut accorder que le principe ci-dessus a été démontré. De cette conclusion nécessaire en découle une autre : c'est que, tout comme le Père a plus Dieu par la génération et l'amour qu'il porte à son Fils, le Fils a plus Dieu s'il produit le Saint-Esprit par l'amour qu'il porte à son Père. Cette conclusion est contre les Grecs[3], mais il faut la concéder, parce que le Fils peut aimer le Père autant qu'il est aimé par lui.

3. « Contre les Grecs » : allusion à la querelle du *Filioque*. Voir S. GARCIAS PALOU, *El cisme oriental en la empresa del Beato R.L.*, « Estudios Lulianos » n° 14 (Palma, 1970), p. 57-70. Le concile de Lyon-II a reçu sur cette question l'accord éphémère des Grecs, qui ont reconnu momentanément la vérité et la légitimité de la formule ci-dessus (DENZINGER-SCHÖNMETZER, *ouvr. cité*, n. 851-855).

6

ÉGALITÉ DES PERSONNES DIVINES

Dans le sixième cercle les quatre côtés du carré inscrit, augmentés d'une ligne mathématique égale à un côté, en représentent la circonférence. Nous voulons signifier ainsi les principes de théologie dont peuvent être tirées des conclusions.

La sainte foi catholique accorde que dans l'essence divine les trois personnes, la génération et la spiration sont égales[1]. A partir de ces cinq points qui établissent l'égalité des personnes divines, nous voulons poser des principes pour en tirer des conclusions nécessaires.

1. Le Père ne peut valoir naturellement plus que son Fils, s'il l'engendre de toute sa nature.

2. Le Fils engendré de l'essence infinie de son Père ne peut être en dehors de l'essence de son Père.

3. Le Père qui, de son éternité, engendre le Fils ne peut lui être antérieur.

4. Le Fils qui n'a pas d'autre sagesse que celle de son Père ne peut être plus sage que lui.

---

1. La procession du Saint-Esprit explicite l'égalité dans l'essence divine du Père et du Fils, et, par conséquent, du Saint-Esprit. La génération et la spiration sont égales, parce que toutes deux éternelles. Voir K. RAHNER — H. VORGRIMLER, *Petit Dict. de théol. cat.*, Paris, 1970, art. *Trinité*, p. 488.

5. Le Fils, qui ne veut être le Père mais le Fils, aime autant sa personne que le Père qui veut être le Père et non le Fils.

6. Le Père qui donne au Fils la nature d'être le Fils et non le Père produit une filiation plus grande que le Père qui donne au Fils la nature d'être Fils et Père.

7. Nul ne peut naturellement donner autant que le Père à son Fils.

8. Nulle génération n'est comparable à celle du Père et du Fils.

9. La génération, essence du Père et du Fils, doit être égale pour tous les deux.

10. La similitude peut être naturellement plus grande par la seule génération que par quoi que ce soit d'autre.

11. Qui par amour donne toute son essence et toutes ses dignités ne peut aimer davantage.

12. Nul ne peut donner autant que celui qui donne Dieu.

13. Nul ne peut donner autant qu'à Dieu.

14. Nul ne peut se donner autant que Dieu.

15. Nature et amour sont synonymes en Dieu.

16. Qui aime avec Dieu a le plus grand amour.

17. La génération et la spiration, infinies et éternelles en Dieu, doivent être égales.

18. Si la génération et la spiration n'étaient pas en Dieu, sa sagesse ne pourrait nombrer réellement les dignités divines.

19. Si la génération et la spiration n'étaient pas en Dieu, l'amour divin ne pourrait aimer également les actes des dignités.

20. Les actes des dignités divines qui concernent la génération et la spiration sont personnels.

Conclusions

1. Le Père ne peut valoir naturellement plus que son Fils,

s'il l'engendre de toute sa nature. Dieu le Père engendre Dieu le Fils de toute sa nature. Dieu le Fils vaut donc naturellement autant que le Père. Et puisqu'il en est ainsi, le Père et le Fils doivent s'aimer mutuellement d'un amour aussi bon et aussi grand que la bonté et la grandeur de l'un et de l'autre. L'amour que se portent le Père et le Fils est autant de l'un et de l'autre, puisqu'ils ont autant de bonté et de grandeur l'un et l'autre.

2. Le Fils engendré de l'infinité de son Père ne peut être en dehors de l'essence de son Père. Dieu le Père engendre Dieu le Fils de toute son essence. Dieu le Fils est donc dans le Père. Le Père est donc dans le Fils, car s'il n'y était pas, le Fils ne pourrait être en lui. Une personne est donc en l'autre. L'infini est donc dans l'infini et il ne peut y avoir de composition ni de séparation de personnes infinies, etc.

3. Le Père qui, de toute son éternité, engendre le Fils ne peut être antérieur à son Fils. Dieu le Père engendre Dieu le Fils de toute son éternité. Il ne peut donc être antérieur à son Fils qui est, dès le début, c'est-à-dire éternellement, autant que le Père, la fin de la bonté, de la grandeur, de la puissance, de la sagesse, de la volonté, etc., car dans l'éternité une fin ne peut être antérieure à une autre.

4. Le Fils qui n'a pas d'autre sagesse que celle de son Père ne peut être plus sage que lui. Dieu le Fils n'a pas d'autre sagesse que celle de son Père. Il ne peut donc être plus sage que lui. En effet, le Fils n'a de bonté que celle du Père, car il n'y a qu'une seule bonté dans l'essence de Dieu, comme il n'y a qu'une seule sagesse, puisque sagesse et bonté sont permutables. Le Fils n'a donc pas d'autre sagesse que celle du Père. Il ne peut donc se comprendre comme Père, car s'il le pouvait, il serait premier dans l'éternité, autant Père que Fils. Il y aurait donc deux sagesses dans l'éternité, celle du Père qui se comprendrait comme Père, celle du Fils qui se comprendrait aussi comme Père, ce qui est impossible. Dans l'éternité il ne peut y avoir qu'un seul Père et un

seul Fils. Il n'y a aussi qu'un Saint-Esprit, qui ne peut qu'être le fruit d'un amour unique, issu du Père et du Fils.

5. Le Fils, qui ne veut être le Père mais le Fils, aime autant sa personne que le Père qui veut être le Père et non le Fils. Il ne peut donc y avoir dans l'essence divine plus ou moins de trois personnes, car le Père et le Fils doivent s'aimer également pour produire le Saint-Esprit. Ils ne le pourraient si chacun n'aimait pas l'autre autant qu'il s'aime lui-même, le Père voulant que le Fils soit le Fils autant qu'il aime être le Père et non le Fils, et le Fils aimant que le Père soit le Père et non le Fils autant qu'il aime être le Fils et non le Père.

6. Le Père qui donne au Fils la nature d'être le Fils et non le Père donne plus que le Père qui donne à son Fils la nature d'être Fils et Père. Chez le Fils qui ne peut être Père, l'essence de la filiation et l'être de l'essence sont permutables, mais ne le sont pas chez le Fils qui peut être Père. Dieu le Fils ne peut donc être le Père, pour que son être et son essence, c'est-à-dire sa filiation, soient permutables. Le Fils de Dieu est donc véritablement fils plus qu'un autre fils et Dieu le Père qui ne peut être le Fils est aussi plus réellement père qu'un autre père.

7. Nul ne peut donner naturellement autant que le Père à son Fils. Le Père et le Fils doivent donc être dans la nature divine. S'ils n'y étaient pas, le don pourrait être plus grand dans une nature autre que la divine, ce qui est impossible, car la nature divine est infinie, tandis que les autres natures sont finies. On peut dire aussi que le Saint-Esprit doit être par le don de l'amour une personne aussi grande que le Fils par la génération, pour que le Père et le Fils puissent se donner mutuellement autant que le Père donne au Fils.

8. Nulle génération n'est comparable à celle du Père et du Fils. Dieu le Père engendre Dieu le Fils de lui-même et par lui-même. Sa génération ne peut donc être comparée à celle d'un père qui, avec une femme, engendre un fils, ou à celle

d'une plante qui, avec la terre, engendre une autre plante. La génération, le Père et le Fils sont égaux dans l'essence divine. Dieu le Père et Dieu le Fils sont donc, dans la génération, égaux avec leurs dignités, car la génération est celle de la bonté, de la grandeur, de l'éternité, etc. du Père et du Fils.

9. La génération, essence du Père et du Fils, doit être égale au Père et au Fils. S'il en est ainsi, il faut qu'elle leur soit égale en bonté, en grandeur, en éternité, etc., car elle ne peut l'être sans les dignités divines. On peut connaître ainsi la supériorité de la génération divine sur les autres générations, car aucune ne vaut la bonté, la grandeur, etc. du Père et du Fils.

10. Il peut y avoir naturellement une plus grande similitude par la seule génération que par quoi que ce soit d'autre. Le Père et le Fils sont dans la nature divine pour qu'il y ait en elle la similitude la plus grande du « naturant », du « naturable » et du « naturer », de l'« éternisant », de l'« éternisable » et de l'« éterniser », du « comprenant », du « compréhensible » et du « comprendre », etc.

11. Qui par amour donne toute son essence et toutes ses dignités ne peut aimer davantage. Dieu donne toute son essence et toutes ses dignités pour aimer le plus possible, car s'il pouvait aimer plus qu'il n'aime, il n'aurait pas en acte toute la puissance, toute la bonté, toute la grandeur et toute la vertu de sa bonté, ce qui est impossible. Dieu donne donc tout ce qu'il peut de son essence et de ses dignités. Il y a donc en Dieu une spiration personnelle.

12. Nul ne peut donner autant que celui qui donne Dieu. Dieu donne Dieu pour offrir le don le meilleur et le plus grand. Dieu ne peut donc être donné que par Dieu, car nul ne peut donner plus de bonté et de grandeur que ce qu'il a. Dieu produit donc nécessairement Dieu. Si Dieu ne peut être produit que par Dieu, il faut que Dieu se donne à lui-même, car il ne peut se donner autant et infiniment à un autre.

13. Nul ne peut donner autant qu'à Dieu. Qui donne à Dieu ne peut offrir un don plus grand. Dieu donne Dieu à Dieu pour qu'il y ait égalité entre le donnant, le don et celui qui reçoit le don. Dieu le Père et Dieu le Fils se donnent donc mutuellement le Saint-Esprit par amour.

14. Nul ne peut se donner autant que Dieu. Dieu peut se donner plus que tout être, pour que sa bonté, sa volonté, son infinité, son éternité, sa puissance, etc. ne soient pas oisives. Il s'ensuit nécessairement que, puisque Dieu offre le don le plus grand, il ne manifeste aucune avarice.

15. Nature et amour sont synonymes en Dieu. Il est aussi naturel à la nature divine d'avoir son acte qu'à l'amour divin d'avoir le sien. Dieu peut donc avoir les actes de ses dignités dans l'acte de sa nature comme dans l'acte de son amour.

16. Qui aime avec Dieu manifeste l'amour le plus grand. Dieu aime avec Dieu pour offrir l'amour le plus élevé. Dieu le Père, avec le Saint-Esprit, s'aime donc lui-même et aime son Fils pour manifester l'amour le plus grand. Il en est de même du Fils. Dieu le Père se comprend donc Père avec le Fils et le Fils se comprend Fils avec le Père. Le Père et le Fils comprennent ainsi parfaitement la paternité et la filiation.

17. La génération et la spiration, éternelles et infinies en Dieu, doivent être égales. A leur égalité concourent les actes des dignités divines. Dieu a donc en soi toute perfection, sans aucun défaut. De plus, Dieu est nécessaire à toutes les créatures, sinon elles auraient leur perfection en elles-mêmes, et les dignités divines auraient aussi leurs actes dans les créatures comme en Dieu, ce qui est impossible.

18. Si la génération et la spiration n'étaient pas en Dieu, sa sagesse ne pourrait nombrer les dignités divines. Celles-ci, qui sont une seule et même essence, ne peuvent être nombrées par l'unité de l'essence, mais peuvent l'être en raison de la distinction entre la génération et la spiration, cha-

que dignité, la bonté, la grandeur, l'éternité, etc. y ayant son acte propre. Les dignités divines peuvent donc être nombrées et leurs actes réellement comptés par la sagesse divine.

19. Si la génération et la spiration n'étaient pas en Dieu, la volonté divine ne pourrait aimer également les actes des autres dignités. Il faut donc distinguer en Dieu la génération et la spiration pour que, de cette façon, la volonté divine puisse aimer pour soi et pour son acte toute dignité divine, comme elle aime, par exemple, la bonté qui a son acte dans la génération et la spiration.

20. Tous les actes des dignités divines qui se réfèrent à la génération et à la spiration sont personnels. Les actes du Saint-Esprit qui n'engendre pas ne le sont pas. Mais, comme les dignités divines, permutables entre elles, ont des actes communs, Dieu a une intelligence, une mémoire et une volonté absolument bonnes, en se comprenant, en se remémorant, en s'aimant lui-même et en aimant ses dignités.

7

INCARNATION ET CRÉATION

Dans le septième cercle les cinq côtés du pentagone inscrit, augmentés d'une ligne mathématique égale à un côté, représentent la circonférence. Nous considérons donc six sujets : les trois personnes divines, les dignités divines, l'âme et le corps de notre Seigneur Jésus-Christ, et nous voulons voir leurs rapports avec la création. Nous poserons des principes dont seront tirées des conclusions pour faire connaître et expliquer des articles de la foi.

1. Tout comme les personnes divines, les actes des dignités divines sont cause de la création.

2. Les personnes divines s'accordent à gouverner également la création.

3. Tout ce par quoi les personnes divines peuvent le mieux agir dans la création doit être en elle.

4. Tout ce par quoi la création peut signifier le mieux les perfections et les noblesses de la cause première doit lui être donné par Dieu.

5. Tout ce qui, dans la création, peut faire le plus grand honneur aux dignités divines doit lui être donné par Dieu.

6. La création ne peut être imparfaite, sinon les dignités divines ne seraient pas en repos en elle.

7. Est vrai tout ce par quoi le monde peut être créé pour la fin la plus grande et la plus noble.

8. Est vrai tout ce par quoi le monde peut être ordonné plus naturellement.

9. Nulle disposition n'est impossible pour permettre à l'homme de se souvenir de Dieu, de le comprendre et de l'aimer mieux et plus.

10. Est vrai tout ce par quoi l'obéissance est particulièrement due à Dieu.

11. Est vrai tout ce par quoi on doit aimer particulièrement les vertus et haïr les vices.

12. Le peuple le plus obligé de servir Dieu est le plus apte à être sauvé.

13. Le peuple qui peut rapporter les plus grandes œuvres de Dieu doit être dans la voie du salut.

14. Le mode par lequel Dieu peut communier le mieux avec l'homme doit être aimé par Dieu et par les hommes.

15. Dieu peut plus pour la créature en lui-même que hors de lui-même.

16. Dieu peut plus pour la créature par la fin que par la création ou la nature.

17. Dieu peut plus pour la créature sans médiateur qu'avec un médiateur.

18. Doit être vrai l'exemple qui montre le mieux que l'être fini ne peut modifier l'être infini.

19. Est vrai tout ce par quoi les saints peuvent être particulièrement récompensés.

20. Est vrai tout ce par quoi les méchants peuvent être sévèrement punis par Dieu.

Conclusions

1. Tout comme les personnes divines, les actes des dignités divines sont cause de la création ; l'univers a été créé par

les personnes divines, égales entre elles et égales aux dignités divines. Celles-ci ont donc participé également à la création du monde. La création est en effet pour la raison humaine l'image de l'élévation et de la noblesse des dignités divines et de leur égalité en Dieu.

2. Les personnes divines s'accordent à gouverner la création d'une manière égale ; elles assurent le gouvernement du monde de la même manière qu'elles en assurent le bien, la grandeur, la durée, etc. De même, par leurs actes, les dignités divines gouvernent la création et lui assurent le bien, la grandeur, etc.

3. Tout ce par quoi les personnes divines peuvent le mieux agir dans la création doit être en elle. Le Père, le Fils et le Saint-Esprit sont la cause nécessaire de la création, avec la bonté, la durée, la puissance, etc., les plus grandes, pour que l'effet ait la bonté, la durée, la puissance, etc., les plus grandes. Dieu, en effet, produit avec la plus grande bonté, etc., plutôt qu'avec une bonté médiocre, etc., car il est grand. Dieu s'est donc fait homme pour être la fin de la création. Cette fin exalte tant la création que celle-ci ne pouvait l'être autrement, étant donné que Dieu a voulu être une créature pour communier avec toutes.

4. Dieu doit donner à la création ce qui peut le mieux signifier les perfections et les noblesses de la cause première. Les dignités divines peuvent mieux s'accorder si leurs effets ont la bonté, la durée, la puissance, etc., les plus grandes. Dans l'Incarnation du Fils de Dieu, la bonté, la grandeur, etc., s'accordent à produire un effet bon et grand, de la plus grande bonté, car aucun effet ne peut se comparer à l'union que Dieu a réalisée en se faisant homme. Il y a donc nécessairement une autre vie, pour que, par elle, les dignités divines se comportent de la meilleure manière envers la création, ce qu'elles ne pourraient faire si cette autre vie n'existait pas, puisque la vie ici-bas est de bien des façons imparfaite, comme nous en avons l'expérience.

5. Dieu doit donner à la création tout ce qui peut faire
le plus grand honneur aux dignités divines ; l'Incarnation du
Fils doit donc être pour leur rendre cet honneur. Ainsi, la
bonté divine est grandement honorée quand on proclame
qu'elle est la raison du meilleur bien créé, la raison pour
Dieu de faire tant de bien à la création qu'il veut être une
part de celle-ci et communier ainsi avec elle. La grandeur
divine est noblement louée d'être la raison d'une si grande
créature, tant magnifiée par la déification qu'elle ne peut
l'être plus ; l'éternité est grandement louée quand on proclame que reste permanent dans la nature divine ce qui est
sans aucune mutabilité en elle, bien que Dieu se soit fait
homme ; la puissance divine peut être hautement louée parce
qu'elle est la raison pour Dieu d'être homme et pour
l'homme d'être Dieu. La sagesse divine est hautement loua-
ble, car, par elle, Dieu sait qu'il est par lui-même la cause
première de toute la création et la cause seconde en se faisant homme, et qu'ainsi une seule et même personne est la
fin première et seconde de toute la création. On peut adresser aussi une grande louange à la volonté divine, qui aime
d'autant plus la créature qu'elle a voulu elle-même être créature. De même, les autres dignités peuvent être très hono-
rées, louées et aimées à cause de l'Incarnation du Fils de
Dieu.

6. La création ne peut être imparfaite, sinon les dignités
divines ne pourraient trouver le repos en elle. Ainsi, la bonté
divine ne pourrait, sans l'Incarnation, être la raison de produire un bien où elle trouverait le repos, car des créatures
finies ne pourraient être meilleures par la bonté divine, raison infinie de produire le bien. Mais si la bonté divine est
la raison d'une créature dans laquelle Dieu s'est incarné, elle
ne peut être une plus grande raison de bien, et dans ce bien
elle connaît le repos, c'est-à-dire qu'elle atteint sa limite dans
la mesure où elle ne pourrait être la raison d'un bien créé
plus grand. La grandeur divine trouve le repos dans une créa-

ture d'autant plus magnifiée que Dieu s'est fait homme en elle. L'éternité divine trouve le repos dans la mesure où les créatures perdurent dans la fin d'une créature unie à la nature divine. La puissance divine trouve le repos en exaltant par-dessus tout la créature, en la faisant être Dieu et être une nature dans laquelle toutes les créatures sont exaltées par l'unité et la bonté de cette créature. Il en est de même des autres dignités divines. On peut comprendre ainsi que l'Incarnation du Fils de Dieu s'est faite pour que les dignités divines aient des actes parfaits. L'Incarnation s'est faite par l'intermédiaire d'une nature humaine unique. Dieu s'est fait homme pour pouvoir, par son Incarnation, communier avec toutes les créatures.

7. Le monde a été créé pour la fin la meilleure et la plus noble. La sagesse divine comprenait ce qu'était la meilleure fin de la création, la volonté divine aimait cette meilleure fin pour être aussi grande en l'aimant que la sagesse en la comprenant. Il en est de même de la bonté, de la grandeur et des autres dignités divines, aussi nobles et aussi nécessaires à la création que la sagesse divine. Le monde a donc été créé pour une fin aussi bonne, aussi grande, etc., que la sagesse divine pouvait la comprendre. Cette fin très grande et très noble pour laquelle le monde a été créé, c'est Dieu fait homme et l'homme fait Dieu. L'Incarnation de Dieu s'est faite ; elle s'est accomplie comme il convient à la plus grande fin du monde : Dieu s'est fait homme, conçu du Saint-Esprit par une femme, vierge avant et après l'enfantement, etc.

8. Est vrai tout ce par quoi le monde peut être ordonné très naturellement. Dieu s'est incarné pour accomplir, après la résurrection, une glorification naturelle, de sorte que le corps de l'homme glorifié puisse voir naturellement l'homme-Dieu, fin de la délectation corporelle par la sensibilité et l'imagination. Les créatures dépourvues de raison, comme les corps célestes et les éléments, ne pourraient avoir leur fin en Dieu après le jour du Jugement si Dieu ne s'était pas

fait homme. Mais comme Dieu s'est fait homme, ces créatures atteignent leur fin en Dieu en communiant naturellement avec l'homme-Dieu. On peut dire aussi que le jour de la résurrection arrivera, pour que les dignités divines disposent les hommes à recevoir naturellement de leur créateur la gloire éternelle sans corruption ni passion. Il en est de même des anges, qu'on peut connaître par l'ordre communiqué par les dignités divines, etc.

9. Nulle disposition n'est impossible pour permettre à l'homme de se souvenir de Dieu, de le comprendre et de l'aimer mieux et plus. L'Incarnation du Fils de Dieu n'est donc pas impossible : il est le sujet[1] qui peut le mieux se souvenir de Dieu, le comprendre et l'aimer, c'est-à-dire qu'il peut se souvenir de Dieu, le comprendre et l'aimer mieux et plus que les anges et les autres hommes. Par cet homme déifié appelé Jésus-Christ, on peut être mieux disposé à se souvenir de Dieu, à le comprendre et à l'aimer, et on peut avoir une foi, une espérance et une charité plus grandes. Le peuple chrétien est donc dans la vraie voie où il peut avoir une foi, une espérance et une charité plus grandes que les autres peuples, et aucun peuple n'est autant que lui obligé de servir Dieu, parce qu'il croit que Dieu s'est incarné, qu'il a été crucifié et qu'il est mort pour la rédemption du genre humain.

10. Est vrai tout ce par quoi l'obéissance est particulièrement due à Dieu. La nature est si obéissante à Dieu qu'il a assumé la nature humaine et qu'il fait que le prêtre transsubstantie le pain en chair et le vin en sang de l'homme qui, au même instant, peut être en plusieurs lieux, et que les acci-

---

1. Jésus-Christ est le sujet des relations des trois personnes entre elles et des relations de l'homme à Dieu. Jésus-Christ est l'unique personne capable de servir de sujet de toutes les relations. On peut dire encore que Jésus-Christ est le médiateur entre Dieu et la création. Mais Jésus-Christ, Dieu et homme, est aussi le suppôt, c'est-à-dire la personne qui « soutient » les deux natures, divine et humaine. Ce terme de suppôt se retrouve dans les questions 4, 5, 7 et 8 du chap. 11.

dents du pain restent sans sujet naturel. Il en est de même de l'Incarnation qui se fit d'une vierge, de la nativité où un corps est passé par un autre sans rupture, etc. Le peuple chrétien croit ces choses et d'autres semblables. Il est donc dans la voie de la vérité en reconnaissant plus que tout autre que la nature obéit à Dieu de plusieurs façons et suivant des modes plus hauts que ceux que les autres peuples considèrent. Si ce que le peuple chrétien croit de Dieu est vrai, aucun peuple n'est, autant que lui, obligé de se souvenir de Dieu, de le comprendre et de l'aimer. Cette plus grande obligation signifie qu'il est nécessairement dans le vrai.

11. Est vrai tout ce par quoi on doit aimer particulièrement les vertus et haïr les vices. De ce principe on peut déduire plusieurs vérités et prouver l'Incarnation de notre Seigneur Jésus-Christ, sa passion et la sentence qu'il rendra le jour du Jugement. On ne peut, en effet, avoir une foi, une espérance et une charité plus grandes, aimer mieux et plus les vertus morales, fuir et haïr les vices, que lorsqu'on considère que Dieu a tant aimé l'homme qu'il a voulu être homme, qu'il a voulu mourir pour racheter le genre humain, etc. On peut dire aussi que le peuple chrétien est dans la voie de la vérité, mieux disposé que tout autre peuple à avoir, comme il a été dit, de grandes vertus[2].

12. Le peuple le plus obligé de servir Dieu est le plus apte à être sauvé. Le peuple chrétien est donc dans la voie de la vérité, car, plus qu'un autre peuple, il est obligé de servir Dieu, parce que, comme nous venons de le dire, il croit que Dieu s'est fait homme et qu'il est mort pour l'homme. On peut ajouter que le peuple le plus obligé de servir Dieu commet une plus grande faute qu'un peuple s'il nuit à Dieu. On peut dire encore que Dieu peut pardonner plus au peuple le plus fervent, car il peut lui pardonner d'autant plus qu'il peut le punir davantage. Le peuple chrétien est

---

2. Voir ci-dessus les conclusions 9, 10.

donc dans la voie de la vérité, car Dieu peut le punir plus
s'il est mauvais et lui pardonner plus qu'à un autre peuple.
Cela est nécessairement vrai pour que la justice, la miséricorde de Dieu et les autres dignités divines puissent accomplir des actes plus importants chez un peuple particulièrement
soumis.

13. Le peuple qui peut rapporter plus et de plus grandes
œuvres de Dieu est dans la voie du salut. Le peuple chrétien est donc dans la voie du salut, car aucun peuple ne peut,
autant que lui, louer Dieu. Un peuple qui ne croit pas en
la Trinité ne peut, en effet, parler aussi bien de l'essence
de Dieu, de son opération intrinsèque, c'est-à-dire de la bienheureuse Trinité, que le peuple chrétien. Le peuple chrétien,
plus qu'un autre, parle des actes que les dignités divines ont
dans l'essence divine et dans la création et affirme que tous
les actes des dignités sont égaux en Dieu et en son effet,
comme il a été dit plus haut à plusieurs reprises.

14. Le mode par lequel Dieu communie le plus avec
l'homme doit être préféré par Dieu et par les hommes. On
peut déduire de ce principe plusieurs vérités, par exemple
l'Incarnation. Il ne peut y avoir en effet de communion plus
grande, plus utile et meilleure entre Dieu et l'homme que
par l'Incarnation, la rédemption, l'eucharistie et les autres
sacrements de l'Église, etc.

15. Dieu peut plus pour la créature en lui-même que hors
de lui-même. Dieu peut exalter la créature en lui-même plus
qu'en elle-même et il aime la créature comme une cause doit
aimer son effet. Il a, par l'Incarnation et en raison de ses
dignités, exalté la créature en lui-même plus qu'en elle-même,
ce qu'il n'aurait pu faire sans l'Incarnation. Sans elle, en
effet, la sensibilité et l'imagination ne pourraient avoir de
repos en Dieu, car Dieu ne peut être vu ni imaginé, puisqu'il
est une substance spirituelle. Mais en se faisant homme, sensible et imaginable, il est la fin de la nature corporelle de
l'homme. Nous avons parlé de cela plus haut. Il peut en être

dit de même de l'eucharistie et des autres articles de la foi catholique.

16. Dieu peut plus pour la créature par la fin que par la création ou la nature. Dieu est la fin de la créature, et tout ce qu'il a créé, il l'a créé principalement pour être aimé et connu. On peut en déduire que l'Incarnation est la fin la plus noble de la créature, ce que nous avons déjà dit. On peut en déduire aussi qu'il y a une autre vie, qui est une fin plus haute que la fin naturelle de la créature. Il en est de même de l'opération surnaturelle de Dieu qui dépasse la nature de la créature dans l'eucharistie, etc.

17. Dieu peut plus pour la créature sans médiateur qu'avec un médiateur. On peut en déduire l'Incarnation : si Dieu a voulu se faire homme, Dieu-homme peut en effet communier directement et naturellement avec toute créature, puisque l'homme a une nature à la fois spirituelle et corporelle. On peut dire aussi que Dieu a créé directement le monde. Et comme il l'a créé directement, il a dû créer le temps et le lieu de sa création, car si le temps et le lieu étaient éternels, il n'aurait pu créer un monde entièrement nouveau[3]. On peut dire aussi que Dieu gouverne directement le monde, que le monde n'a pas en lui la nature d'être éternel, que Dieu meut directement les natures à naturer, qu'il meut le ciel à se mouvoir de lui-même, etc.

18. Doit être vrai l'exemple qui montre le mieux que l'être fini ne peut faire subir de changement à l'être infini. Le monde est nouveau, mais sa nouveauté ne peut altérer l'éternité de Dieu. De même l'Incarnation signifie que l'éternité et la puissance de Dieu sont si grandes qu'il n'a pu subir de changement en s'unissant à la nature humaine. De même l'eucharistie signifie que, tout comme les accidents du pain ne passent pas dans le corps du Christ lors de la transsubs-

---

3. Pour Lulle, la création s'est faite *de novo* (= nouvellement, toute nouvelle) ou à partir de *no res* (= de rien, *ex nihilo*), les deux expressions étant synonymes, comme il apparaît au chap. 2 des *Questions*, question 14.

tantiation, il n'y a pas d'accidents dans la génération et la spiration de la bienheureuse Trinité et aucun changement ne se fait par le sacrement de l'eucharistie dans la nature humaine du Christ, etc.

19. Est vrai tout ce par quoi les saints en gloire peuvent être particulièrement récompensés. La justice de Dieu récompense généreusement les saints de l'Église. On peut en déduire que, dans la gloire du paradis, les saints doivent voir directement les actes des dignités divines, la génération et la spiration de la bienheureuse Trinité de Dieu. Après la résurrection générale des corps, les saints auront leurs corps glorifiés et verront l'humanité glorieuse de Dieu.

20. Est vrai tout ce par quoi les méchants peuvent être sévèrement punis par Dieu. La justice de Dieu condamne sévèrement les méchants qui meurent en état de péché mortel. Les damnés doivent être punis pour l'éternité et n'avoir jamais de repos, car ils ont péché contre une fin incréée et créée. Nous appelons incréée la fin divine et créée la fin des corps qui, sauf les corps des damnés, trouvent leur repos dans le corps de Jésus-Christ.

8

LES SEPT SACREMENTS[1]

Un hexagone est inscrit dans le huitième cercle. Ses six côtés égaux, augmentés d'une ligne mathématique égale à l'un d'eux, sont l'équivalent de la circonférence du cercle. C'est pourquoi nous considérons les sept sacrements de la sainte Église, qui sont comme son ornement et l'agrément de la sainte foi catholique. Ces sept sacrements sont des principes théologiques simples dont nous voulons tirer des conclusions en appliquant la méthode, les principes et les règles de notre *Art général*[2]. Nous parlerons d'abord du mariage dont nous donnerons une définition ou premier principe, d'où nous tirerons des conclusions à titre d'exemple. Nous appliquerons cette méthode aux autres sacrements.

Mariage

1. Le mariage est le sacrement qui règle l'union charnelle de l'homme et de la femme par la vertu de paroles et le consentement spirituel de l'un et de l'autre.

1. Des passages du chap. sont altérés dans tous les manuscrits.
2. Voir note 1 de l'introduction.

2. Nulle communauté naturelle ne peut être matériellement aussi bonne que celle du mari et de la femme.

3. L'amour entre époux est le plus naturel qui puisse exister entre deux personnes.

4. Le consentement spirituel n'est pas aussi nécessaire pour l'accord de deux personnes que pour celui entre époux.

5. La fin du mariage est la génération régulière de l'homme pour le service de Dieu.

6. La chasteté est le soutien du mariage.

7. L'homme qui désire une femme en dehors du mariage est luxurieux. La femme mariée peut être plus luxurieuse que la femme non mariée.

8. Le fils né hors mariage est illégitime.

9. Qui porte atteinte au mariage offense Dieu qui, au paradis terrestre, a marié Adam et Ève.

10. La femme publique est en état de péché mortel.

Baptême

1. Le baptême est le sacrement qui lave l'homme du péché originel par la vertu de paroles.

2. On peut être innocenté du péché actuel surtout par le baptême, car l'ablution qui lave la faute générale peut ôter le péché particulier.

3. Le baptême a une si grande vertu qu'il n'exige ni contrition ni satisfaction. Ainsi l'infidèle converti à la foi et baptisé n'est pas tenu à contrition et à satisfaction après son baptême.

4. Il n'y a pas de milieu entre le baptême et l'innocence.

5. Qui détruit la forme du baptême détruit sa fin.

6. Le baptême lave instantanément l'âme et le corps.

7. Le baptême de notre Seigneur Jésus-Christ ne lui était pas nécessaire, mais il a été l'exemple de tout baptême.

8. Le baptême de feu et celui de sang se sont unis dans

la mort de Jésus-Christ sur la croix, tout comme chez le larron crucifié lui demandant pardon.

9. Par la vertu du baptême de Jésus-Christ les enfants peuvent être baptisés et mis, sans leur propre mérite, dans la voie du salut.

10. Le baptême est la source du salut.

Confirmation

1. La confirmation est le sacrement consécutif au baptême.

2. La confirmation précise l'idée que les enfants ne peuvent avoir en recevant le baptême.

3. Par la confirmation les parrains de l'enfant sont libérés de la promesse qu'ils ont faite lors de son baptême.

4. L'idée du baptême est affermie par la confirmation comme l'image sensible par l'imagination.

5. Si la confirmation était un sacrement aussi utile que le baptême, elle ôterait le péché actuel.

6. La prédication aux Juifs de Jésus enfant a figuré la confirmation.

7. Jésus-Christ confirma la foi de ses disciples en leur apparaissant après sa mort.

8. Jésus confirma le baptême d'eau, de sang et de feu sur la croix.

9. La confirmation est la limite reçue par la foi chrétienne entre le passé et le futur.

10. La forme de la confirmation réside dans la vertu de paroles et dans une dévotion consentie.

Eucharistie[3]

1. Le sacrement de l'Eucharistie est le pouvoir éminent que

3. Lulle désigne plus volontiers l'Eucharistie par l'expression « sacrement de l'autel ».

Dieu donne au prêtre de faire avec du pain le corps de Jésus-Christ et avec du vin le sang de son corps.

2. L'homme n'a un pouvoir surnaturel que par le sacrement de l'Eucharistie.

3. L'action que Dieu a en lui-même par la génération et la spiration est mieux signifiée par l'Eucharistie que par un autre sacrement. Tout comme par l'Eucharistie les accidents du pain ne se trouvent pas dans un corps, les accidents ne sont pas dans la Trinité.

4. Tout comme la puissance divine et la puissance humaine font un seul sacrement de l'Eucharistie, Dieu le Père et Dieu le Fils produisent le Saint-Esprit d'une seule et même puissance.

5. Tout comme les paroles du prêtre et leur vertu font un seul et même sacrement de l'Eucharistie, la propriété paternelle et la propriété filiale produisent un seul et même Saint-Esprit.

6. Tout comme la transsubstantiation du pain en chair et du vin en sang constitue un seul sacrement, Dieu le Père et Dieu le Fils sont la même cause du Saint-Esprit.

7. Tout comme la transsubstantiation du pain en chair et du vin en sang se fait dans le seul corps de Jésus-Christ et en un seul lieu, la spiration active du Père et du Fils produit la spiration passive en une seule éternité, une seule bonté et une seule infinité.

8. Jésus-Christ ne peut autant communier avec l'homme que par le sacrement de l'Eucharistie.

9. Les dignités divines et les créatures communient plus fortement par le saint sacrement de l'Eucharistie que par tout autre.

10. Il n'y a pas autant de vertu dans les actions naturelles et morales ici-bas que dans le saint sacrement de l'Eucharistie.

Ordre

1. L'Ordre est le ministère qui permet au prêtre de conférer les autres sacrements pour servir Dieu. Cet Ordre destiné à servir Dieu comporte plusieurs degrés, comme l'acolytat, le sous-diaconat, le diaconat et la prêtrise.

2. Nulle fonction n'a un aussi grand pouvoir et une aussi grande vertu ici-bas que la prêtrise.

3. La prêtrise a une vertu et un pouvoir éminents et permanents.

4. La prêtrise est si bonne qu'il peut en découler le plus grand bien, mais rien de mauvais.

5. Tout comme les influences des corps célestes se réunissent dans la lune et sont transmises par elle ici-bas, tous les ordres spirituels se réunissent chez le prêtre et sont transmis par lui aux autres hommes.

6. La prêtrise est l'image la plus fidèle de l'ordre que Dieu a en lui-même.

7. Par son ministère, le prêtre peut, mieux qu'un autre homme, communier avec Dieu.

8. La charité n'est nulle part aussi nécessaire que chez le prêtre.

9. Le prêtre est tenu par son ministère d'être particulièrement bon, patient et humble.

10. Nul ne peut donner de plus mauvais exemple qu'un mauvais prêtre.

Pénitence

1. La pénitence est le sacrement qui requiert contrition, confession et satisfaction.

2. La pénitence lie l'homme par la satisfaction et le délie par l'indulgence.

3. La pénitence est le lien par lequel le prêtre lie au ciel et sur la terre.

4. La pénitence est la source du repentir, des soupirs et des larmes.

5. En faisant pénitence les saints pleurent sur la terre et rient dans le ciel.

6. La pénitence macère le corps par le jeûne, la prière, les soupirs et les larmes, mais enrichit l'âme de vertus.

7. Nul vice n'est plus contraire à la pénitence que l'hypocrisie.

8. La pénitence fait de la crainte la conséquence de l'amour.

9. Qui fait pénitence dort en sécurité, couche dans le lit de l'humilité et de la patience.

10. En faisant pénitence les hommes se jugent pour ne pas être jugés pour leurs péchés et en paient tribut à Dieu.

Extrême-onction

1. L'extrême-onction est le sacrement par lequel on demande brièvement le pardon de ses péchés à la fin de ses jours. Ce sacrement existe parce que Dieu ne peut pardonner à l'homme après sa mort et que celui-ci ne peut espérer le pardon à ce moment-là.

2. Le baptême et l'extrême-onction sont les deux termes de l'espérance et du pardon.

3. L'extrême-onction doit être demandée au moment où l'on pense ne plus pouvoir pécher.

4. Le péché commis après avoir reçu l'extrême-onction est plus grave que celui commis auparavant.

5. On doit renoncer à tout plaisir quand on reçoit l'extrême-onction.

6. L'extrême-onction provoque le repentir, la contrition, la pénitence et la satisfaction.

7. L'extrême-onction est l'image de la mort.

8. L'extrême-onction concerne l'individu entre la vie et la mort.

9. La crainte et l'espérance s'accordent plus dans l'extrême-onction que dans tout autre sacrement.

10. La mémoire doit se souvenir de ses péchés et des actes des dignités divines au moment de l'extrême-onction.

9

LA HIÉRARCHIE ECCLÉSIALE[1]

Huit ordres ou degrés sont requis pour la vie de la sainte Église : le pape, les cardinaux, les évêques, les prêtres[2], les religieux, les ermites, les chevaliers religieux, les hospitaliers. Ces huit degrés correspondent aux côtés de l'heptagone inscrit dans le neuvième cercle, augmentés d'une ligne mathématique, pour égaler la circonférence du cercle.

Le pape

1. Le pape, personnage le plus universel, est l'image de notre Seigneur Jésus-Chist.

2. On doit aimer, honorer et craindre grandement le pape[3].

---

1. Des passages du chap. sont altérés dans tous les manuscrits. Cette hiérarchie ecclésiale ne doit rien au Pseudo-Denys et à sa *Hiérarchie ecclésiastique*.

2. Les prêtres sont presque toujours désignés sous le nom de chapelains.

3. Le pape est désigné le plus souvent par l'expression « la personne commune » ou « la personne la plus commune », c'est-à-dire « le personnage le plus universel ».

3. Les plus grands soucis et les plus lourdes charges reviennent au pape.

4. Le pape donne le plus grand exemple du bien et du mal. Il doit être pourvu de qualités et de vertus pour le bien de tous.

5. Les actes du pape sont éminents.

6. Le but poursuivi par le pape est celui de la communauté.

7. Le pape doit avoir le pouvoir le plus absolu et le mieux réglé.

8. L'intelligence, la mémoire et la volonté du pape sont au service de tous.

9. La justice et le pardon du pape s'adressent à tous.

10. Le choix du pape est redoutable et périlleux.

Le cardinal

1. Le cardinal est nommé pour être de bon conseil. Il fait partie du consistoire[4] pour sa grande dévotion et sa grande intelligence.

2. Le cardinal peut conseiller le bien comme le mal.

3. Le cardinal est appelé au consistoire pour le plus grand honneur et le plus grand souci.

4. Le bonheur du cardinal est de donner de bons conseils au pape.

5. La prospérité du pape doit être préservée par les cardinaux.

6. A chaque région du monde doit être affecté un cardinal du consistoire.

7. Un trop grand nombre de cardinaux sème la confusion au consistoire.

---

4. Le terme « consistoire » traduit l'expression « grand conseil », mais il figure dans les questions 7 et 8 concernant le cardinal.

8. Le cardinal qui manque de vertus n'est pas digne de faire partie du consistoire.

9. La valeur du cardinal ne réside pas dans sa famille, mais dans son bon conseil.

10. Le pape et les cardinaux en consistoire sont l'image de Jésus et des apôtres.

L'évêque

1. L'évêque est nommé par le pape pour le remplacer dans les villes en dehors de Rome. Il est l'image du pape et son pouvoir est à l'image de celui du pape.

2. La bonne et vertueuse conduite de l'évêque est à l'image de celle du pape.

3. Le pouvoir de l'évêque dont la conduite est mauvaise n'est pas à l'image du pouvoir du pape.

4. Qui offense le pouvoir et l'honneur de l'évêque offense le pouvoir et l'honneur du pape.

5. A l'image du Fils, passif, si l'on peut dire, dans la génération, et actif dans la spiration, l'évêque, passif vis-à-vis du pape, est actif vis-à-vis de ses prêtres.

6. Par sa conduite l'évêque témoigne envers ses prêtres de la conduite du pape.

7. Tout comme le pape est également pour tous les évêques, l'évêque est pour tous les prêtres.

8. L'évêque n'aime pas ses parents autant que ses prêtres.

9. L'évêque n'est pas opposé au bonheur de son peuple.

10. L'évêque est heureux quand le pape et le prince vivent en paix.

Le prêtre

1. Le prêtre est nommé par l'évêque pour l'aider à protéger le peuple que le pape lui a confié.

2. Le prêtre n'a ni épouse ni enfant pour ne pas s'emparer des biens de l'Église destinés aux pauvres de Jésus-Christ.

3. Le prêtre ignorant et sans dévotion n'est fidèle ni à son évêque ni à son peuple. S'il ignore la conduite de ses brebis, il ne sait les garder des loups.

4. Les félicités du prêtre sont la science, la chasteté, l'humilité, les célébrations, les aumônes.

5. Le prêtre qui néglige ses brebis ne veut servir ni son évêque ni Dieu de tout son cœur.

6. Le prêtre dans son église paroissiale et le moine dans son cloître peuvent acquérir de grands mérites.

7. Le prêtre qui mène sainte vie est le prince de son peuple.

8. Il n'est pire que le prêtre luxurieux, orgueilleux et avare.

9. Le fils du prêtre est moralement le fils de l'évêque.

10. Nul ne dit plus de mal de son évêque que le mauvais prêtre.

Le religieux

1. Le religieux est nécessaire à l'Église pour que la vie contemplative et la vie active puissent s'accorder et se remplacer l'une l'autre.

2. Qui associe vie contemplative et vie active est éminemment saint. Saint Pierre et saint André, en abandonnant tout pour suivre le Christ, menèrent une vie contemplative et choisirent la vie active en mourant pour exalter la foi.

3. Le bon religieux donne le bon exemple et le mauvais le mauvais exemple.

4. Vie active et vie contemplative ne s'accordent pas forcément mieux sous l'habit religieux que sous l'habit séculier, quand il s'agit d'avoir de bonnes mœurs.

5. Par sa vie contemplative et active, le religieux qui veut être pauvre est le bras du séculier[5].

6. Le bon religieux qui veut être riche est le bras des pauvres de Jésus-Christ[6].

7. Le religieux est en paix par sa vie contemplative et en souci par sa vie active.

8. Il y a une contradiction flagrante entre l'habit humble et le religieux orgueilleux.

9. Quand le religieux rit par vaine gloire et orgueil, son habit pleure.

10. Il n'est pire hypocrisie que celle du religieux.

L'ermite

1. Plus que tout autre, l'ermite aime la solitude.

2. Puisque, plus que tout autre il aime la solitude, il doit, plus que tout autre, mortifier son corps par la pénitence.

3. L'ermite de grande science et de grande dévotion est le plus apte à la contemplation.

4. L'intelligence de l'ermite le porte plus à la vie contemplative qu'à la vie active.

5. Comme l'ermite a peu d'activité physique, il peut veiller davantage.

6. L'ermite, plus éloigné du monde qu'un autre homme, peut être plus proche de Dieu.

7. L'oraison de l'ermite doit être plus longue et plus élevée qu'une autre.

8. Le bon ermite fait plus pénitence pour les péchés des autres que pour les siens et il prie pour tous.

---

5. On peut comprendre la phrase ainsi : le religieux prie pour le clergé séculier, occupé à des tâches « mondaines ».

6. Le religieux recherche les richesses non pour lui-même, mais pour venir au secours des pauvres.

9. Nul, plus que l'ermite, ne doit regarder vers le ciel.
10. Nul n'est plus en paix que le bon ermite.

Le chevalier religieux

1. Le chevalier religieux sert Dieu par les armes comme le chevalier et par une bonne conduite comme le religieux.
2. Le chevalier religieux est établi pour défendre les religieux.
3. Le chevalier religieux a un habit humble et solide.
4. Le chevalier religieux n'est pas opposé à la chevalerie.
5. L'ordre de chevalerie oblige le chevalier à honorer Dieu plus que tout.
6. Qui combat pour exalter la chevalerie plutôt que pour glorifier Dieu ne mérite pas d'être chevalier.
7. Le chevalier religieux donne la meilleure image de la chevalerie.
8. La chevalerie religieuse est l'image du martyre.
9. Le chevalier religieux doit préférer son ordre à sa vie.
10. Le chevalier qui a peur agit contre son ordre.
11. Le chevalier religieux est, avec son ordre, la fidélité et la force de la sainte Église.

L'hospitalier

1. L'hospitalier est établi pour procurer l'aumône aux pauvres du Christ.
2. L'hospitalier rappelle aux clercs riches qu'ils doivent faire l'aumône.
3. Nul n'est aussi contraire à l'aumône que l'hospitalier qui vole sur l'aumône.
4. Le bon hospitalier garde les pauvres à l'hôpital et Dieu dans son cœur.

5. Nul n'est aussi bon hôte que le bon hospitalier et plus que lui à la disposition des pauvres.

6. L'hôpital et la pitié s'accordent comme la justice et le gibet.

7. On peut commettre plus d'injustices dans un hôpital que dans une maison privée.

8. Aucun pain n'est destiné à tous comme le pain de l'hôpital.

9. Qui fonde un hôpital ne meurt pas.

10. Qui détruit un hôpital détruit un bien public.

LA HIÉRARCHIE CÉLESTE

Dans le dixième cercle les huit côtés de l'hexagone inscrit, augmentés d'une ligne mathématique égale à l'un des côtés, en représentent la circonférence. Par ces neuf lignes nous voulons poser les principes concernant les neuf ordres d'anges, de façon à en tirer plusieurs vérités.

Le bienheureux Denys et d'autres saints[1] ont traité des trois hiérarchies des anges, chacune comprenant trois ordres. De même qu'à partir d'une ligne sensible on imagine une ligne mathématique, en partant de ce que d'autres ont dit des anges nous voulons considérer leurs neuf ordres pour poser des principes de théologie et de philosophie. Mais voyons d'abord ce que les saints ont dit des anges.

La première hiérarchie est celle des anges, des archanges et des principautés. Les anges sont les messagers qui annon-

---

1. A la différence de la hiérarchie ecclésiale, la hiérarchie céleste s'inspire en partie du Pseudo-Denys, à travers peut-être le commentaire de Hugues de SAINT-VIGOR, *In Hierarchiam caelestem Sancti Dionysii*. La terminologie est en effet la même chez Lulle et chez Hugues. Sur le Pseudo-Denys et l'influence dionysienne, voir *Œuvres complètes du Pseudo-Denys l'Aréopagite*, trad., préf. et notes de M. de Gandillac, Paris, 1943 (nouveau tirage : 1980), p. 45-57.

cent les petites choses. Les archanges annoncent de grandes choses. Les principautés ordonnent et disposent le service et le ministère de Dieu.

La deuxième hiérarchie est celle des puissances, des vertus et des dominations[2]. Les puissances ont pouvoir sur les mauvais anges, les soumettent et les empêchent de nuire. Les vertus font des miracles en ce monde et donnent des vertus. Les dominations ont pouvoir sur les puissances et les vertus.

La troisième hiérarchie, la plus haute, est celle des trônes, des chérubins et des séraphins. Les trônes sont les sièges de Dieu et des bienheureux. Les chérubins représentent la perfection des sciences. Les séraphins sont brûlants et ardents envers Dieu.

A partir de ces trois hiérarchies nous considérons trois modes de béatitude en chaque ange, selon l'intellection, l'amation et la mémoration[3]. L'intellection se dit de l'intelligence de l'ange, l'amation de son amour, la mémoration de sa mémoire.

Dans l'intellection nous considérons trois degrés de béatitude en raison de la primauté, de l'emprise, du pouvoir et de la force que l'intelligence exerce sur la volonté et la mémoire. Le degré supérieur est celui où l'intelligence de l'ange et celle de Dieu se font vis-à-vis. Le deuxième degré est celui où la volonté et la mémoire de l'ange agissent sous l'influence de son intelligence en rapport avec l'intelligence de Dieu. Le troisième degré est celui où la volonté et la mémoire de l'ange reçoivent l'influence de son intelligence qui conçoit Dieu sans intermédiaire.

La volonté divine communique avec la volonté du bon

---

2. Lulle adopte ici, comme pour les deux autres hiérarchies, la terminologie de Hugues de Saint-Victor (*Patrologie Latine*, t. 175, col. 933-934). Aux termes de *puissances, vertus* et *dominations*, M. de Gandillac préfère ceux de *pouvoirs, puissances* et *seigneuries* (ouvrage cité, p. 204, note 1).

3. Les facultés de l'ange, à la différence de celles de l'âme humaine, sont toujours en acte.

ange d'une manière si élevée qu'il n'y a pas d'intermédiaire entre elles, si bien que la volonté de l'ange aime hautement et ardement et que la volonté divine la meut à s'aimer elle-même, à aimer l'essence, la nature, la Trinité et les dignités divines. Ainsi, la volonté de l'ange aime si hautement et si grandement grâce à la bonté, à la volonté, à l'infinité, à l'éternité divines, etc. qu'elle ne manque pas de béatitude, mais en est toute pleine et agit naturellement sur l'intelligence et la mémoire. Le second degré de la contemplation est celui où la volonté agit par son amour sur l'intelligence et la mémoire, et où, grâce à cette influence, l'intelligence et la mémoire éprouvent un plaisir inestimable. Par le troisième degré la volonté agit directement sur l'intelligence et la mémoire.

La Trinité de Dieu manifeste à la mémoire de l'ange les actes des dignités divines, la génération et la spiration des personnes divines, avec une telle persévérance que la mémoire en est si ferme et si constante qu'elle retient instantanément tout ce qu'elle reçoit. Elle éprouve un si grand plaisir en considérant la durée éviternelle de sa communion avec l'éternité divine, et par elle à tout ce qui est l'essence et la nature divine, qu'elle ne peut en éprouver de plus grand. Au deuxième degré, la mémoire a l'emprise et la primauté sur l'intelligence et la volonté par son souvenir, comme l'intelligence la domine par son intellection et la volonté par son amour. Au troisième degré, l'intelligence et la volonté dépendent du souvenir, chacune ayant plaisir à recevoir l'influence que la mémoire recueille dans l'éternité divine.

Nous avons exposé les neuf degrés de la gloire des anges d'après leur intelligence, leur volonté et leur mémoire. Nous avons montré comment chaque faculté exerce sa primauté et son emprise par son acte propre : l'intelligence par son intellection, la volonté par son amour et la mémoire par son souvenir. Nous voulons poser maintenant les principes, en commençant par l'intellection.

Intellection

1. Puisque l'intellection est l'acte propre de l'intelligence de l'ange, celui-ci est plus apte à recevoir de Dieu la béatitude par l'intellection que par l'amour ou le souvenir.

2. L'intelligence divine oblige l'intelligence de l'ange à comprendre, la bonté divine l'oblige à être bonne, la grandeur divine l'oblige à être grande, l'éternité divine l'oblige à être durable, etc.

3. La grâce et la gloire divines obligent l'intelligence de l'ange à comprendre Dieu surnaturellement, la nature divine l'oblige à être naturelle, la justice divine l'oblige à être durable, etc.

4. Le chérubin et les autres bons anges, amenés librement à comprendre, sont bienheureux par leur intellection.

5. L'intelligence amène la volonté à aimer les influences qu'elle reçoit du Très-Haut et la mémoire à s'en souvenir.

6. Comme la volonté et la mémoire sont mues par l'intelligence, la volonté est amenée à aimer ce que la mémoire se rappelle de l'intelligence, et la mémoire réciproquement.

7. Les trônes, sièges du Très-haut, commandent les actes de l'intelligence, de la volonté et de la mémoire de l'ange.

8. De même que l'intelligence angélique est amenée à comprendre la bonté, la grandeur, la durée, etc. divines, elle amène par son intellection la volonté à avoir un bon et grand amour et la mémoire à avoir un bon et grand souvenir.

9. L'intelligence de l'ange est princesse par son intellection.

10. Les passions de la volonté et de la mémoire de l'ange provoquées par l'intelligence qui comprend Dieu et ses perfections sont délectables.

Nous avons posé les principes de l'intellection selon lesquels l'intelligence commande à la volonté et à la mémoire. Nous allons voir les conclusions qui découlent de ces principes.

Conclusions

1. Le bon ange est plus apte à être heureux par son intellection que par son amour et son souvenir. Son intelligence doit donc être plus désireuse de comprendre que d'aimer et de se souvenir.

2. Si l'intelligence divine oblige l'intelligence de l'ange à comprendre et si la bonté divine l'oblige à être bonne, l'ange est plus heureux à comprendre Dieu qu'à être bon, car il ne peut le bonifier, mais il peut le comprendre. L'ange a donc un plus grand repos à comprendre la cause et non à la croire vraie, car il peut comprendre Dieu, non en assurer la vérité.

3. L'intelligence de l'ange a une plus grande gloire par le don de la grâce divine que par ses propres mérites. L'ange reçoit ce don au-delà des forces de son intelligence, et la nature divine lui conserve une intellection naturelle quand il comprend surnaturellement. Aucun ange ne peut donc être bienheureux par ses seuls mérites.

4. Puisque l'intelligence de l'ange est bienheureuse parce qu'elle est amenée librement à comprendre Dieu, elle ne peut être contrainte de comprendre par aucune faculté.

5. L'intelligence libre et bonne ne peut amener la volonté à aimer ni la mémoire à se souvenir sans liberté.

6. La volonté du bon ange amenée à aimer ce que l'intelligence comprend de Dieu n'est pas libre de ne pas l'aimer.

7. L'intelligence, plus proche de Dieu que la mémoire et la volonté, élève son intellection au-dessus de l'amour de la volonté et du souvenir de la mémoire.

8. L'intelligence qui, par l'intellection, reçoit de Dieu la béatitude, la donne à la mémoire et à la volonté.

9. L'intelligence, princesse par son intellection, amène la volonté à aimer celle-ci, si l'ange est confirmé en grâce. A son tour, la volonté est princesse par son amour, pour avoir librement avec l'intelligence société et mérite.

10. Comme la volonté et la mémoire ont plaisir à être soumises à l'intelligence qui comprend Dieu, elles ont d'autant plus de plaisir que l'intelligence a une plus juste idée de Dieu.

Amation

1. La volonté divine et la volonté du bon ange se ressemblent plus par l'amour que par tout autre acte.

2. La volonté du bon ange, par l'amour très ardent qu'elle reçoit directement de la volonté divine, enflamme l'intelligence à comprendre et la mémoire à se rappeler ce qu'elle reçoit du souverain aimé.

3. Sous la haute ardeur de la flamme d'amour que la volonté de l'ange reçoit du divin aimé, l'intelligence et la mémoire s'accordent et se délectent d'amour et d'ardeur.

4. Comme la volonté divine est souverainement aimable, nul ne doit ôter à l'ange la liberté d'aimer Dieu.

5. La sagesse divine fait en sorte que l'intelligence de l'ange soit amenée par sa volonté à comprendre Dieu. La volonté divine fait en sorte que l'intelligence de l'ange amène sa volonté à aimer Dieu.

6. Nul ange ne pourrait avoir de repos en aimant Dieu, s'il était simplement contraint de l'aimer.

7. La volonté de l'ange bienheureux aime Dieu naturellement et librement, mais elle est amenée à l'aimer au-dessus de ses forces.

8. Quand la volonté de l'ange s'est élevée, au-dessus de ses forces, à aimer Dieu, elle descend vers l'intelligence pour l'amener à comprendre ce qu'elle reçoit de Dieu. Elle agit de même avec la mémoire.

9. De même qu'il y a un ordre dans l'ange, il y en a un dans la communion entre deux anges.

10. La volonté de l'ange est naturellement plus apte à agir

sous l'influence de la volonté divine que sous celle de la bonté divine.

Conclusions

1. Comme la volonté divine et la volonté du bon ange se ressemblent plus par l'amour que par un autre acte, la volonté de l'ange doit avoir un amour plus puissant que son intelligence ou sa volonté.

2. Comme la volonté de l'ange enflamme la compréhension de l'intelligence et le souvenir de la mémoire, l'intelligence et la mémoire doivent désirer l'acte de la volonté et ne doivent pas s'opposer à son grand appétit d'amour.

3. L'intelligence et la mémoire qui s'accordent entre elles dans la mesure où elles reçoivent de l'ardeur de la volonté, rendent cette ardeur à la volonté par l'intellection et le souvenir.

4. On ne doit pas ôter la liberté d'aimer à la volonté de l'ange, car elle peut beaucoup aimer et la liberté d'aimer prédispose à un grand amour.

5. Comme la sagesse et la volonté divines accordent une égale liberté à l'intelligence et à la volonté de l'ange, celui-ci doit avoir également intelligence et volonté.

6. Comme l'ange ne peut être simplement contraint d'aimer Dieu, il ne peut être contraint d'aimer autre chose.

7. Pour autant que l'ange est amené à aimer Dieu au-dessus de ses forces, son amour est miraculeux et infusé par la grâce divine.

8. Comme la volonté de l'ange transmet à l'intelligence et à la mémoire ce qu'elle reçoit de Dieu, l'intelligence ne peut l'ignorer, ni la mémoire l'oublier.

9. Quand deux anges communiquent entre eux, leur plaisir est mutuel.

10. La bonté divine peut par elle-même mettre autant de

bonté dans la volonté de l'ange qu'il peut en recevoir, d'autant plus qu'elle peut l'influencer surnaturellement. La bonté divine — et avec elle la grandeur, l'éternité, etc. — peut donc influer surnaturellement autant d'amour à l'ange que la volonté divine, puisque volonté et bonté divines sont permutables. Toutefois, d'après la nature de l'ange, la volonté divine peut influer plus d'amour à la volonté de l'ange que la bonté divine.

Mémoration

1. L'éternité divine s'accorde naturellement plus avec l'acte de la mémoire de l'ange qu'avec les actes de son intelligence et de sa volonté.

2. La mémoire de l'ange retient en un seul instant éviternel tout ce que l'essence divine lui représente d'elle-même, de sa nature, de la Trinité et des dignités divines.

3. Grâce à la grande et haute vertu de la mémoire de l'ange qui reçoit l'influence de Dieu en un seul instant éviternel, l'intelligence et la volonté retiennent dans ce même instant ce qu'elles reçoivent de l'essence divine, de sa nature, de la Trinité et des dignités divines.

4. Dans l'instant où la mémoire retient ce qu'elle reçoit de Dieu en se souvenant de lui, elle a la maîtrise et la primauté sur l'intelligence et sur la volonté.

5. Comme l'intelligibilité et l'amabilité de Dieu sont également dignes de mémoire, l'intelligence et la volonté de l'ange se délectent également de ce que la mémoire reçoit du Très-Haut.

6. Le souvenir est la fin de la mémoire.

7. La mémoire amène l'intelligence à comprendre et la volonté à aimer son souvenir.

8. Au paradis la mémoire retient en un seul instant

immuable et inséparable tout ce que l'intelligence et la volonté reçoivent du Très-Haut par l'intellection et l'amour.

9. Puisque la mémoire de l'ange en gloire est l'image de l'éternité divine, elle est libre de se souvenir.

10. Comme la mémoire conserve et retient perpétuellement tout ce qu'elle reçoit de Dieu, l'intelligence et la volonté dépendent d'elle l'une et l'autre.

Conclusions

1. Comme l'éternité s'accorde naturellement avec l'acte de la mémoire plutôt qu'avec ceux de l'intelligence et de la volonté, l'ange ne pourrait supporter que son intellection et son amour soient meilleurs que son souvenir.

2. Comme la mémoire de l'ange retient en un seul et même instant éviternel tout ce qui lui est montré de l'essence, de la nature et des dignités divines, elle est éviternellement pleine de gloire.

3. Comme l'intelligence et la volonté de l'ange reçoivent de la mémoire ce qu'elle reçoit de Dieu et ce par quoi elle est pleine de gloire, l'intelligence et la volonté en sont aussi perpétuellement pleines. Et comme Dieu a ici-bas une influence continuelle que la mémoire de l'ange reçoit continuellement, son intelligence sait continuellement ce qui se fait ici-bas.

4. Puisque la mémoire est maîtresse de son acte, elle ne peut être naturellement contrainte de se souvenir.

5. Comme l'intelligence et la volonté reçoivent également de la mémoire ce qu'elle reçoit de Dieu, elles ne peuvent s'opposer l'une à l'autre.

6. Puisque le souvenir est la fin de la mémoire, aucun autre acte n'est aussi désirable.

7. Puisque la mémoire, par sa fin qui est le souvenir, amène l'intelligence à comprendre et la volonté à aimer son

acte, elle commande les actes de l'intelligence et de la volonté.

6. Puisque, au paradis, la mémoire retient en un seul instant immuable et inséparable tout ce que l'intelligence comprend et que la volonté aime, elle satisfait dans ce même instant l'intelligence et la volonté en tout ce qu'elles désirent être retenu.

9. Puisque la mémoire de l'ange est libre de se souvenir, l'ange peut se souvenir des actes que les dignités divines accomplissent ici-bas.

10. L'intelligence et la volonté de l'ange dépendent de ce que la mémoire reçoit du Très-Haut. La mémoire leur transmet ce qui lui vient de Dieu. L'ange peut aussi se souvenir des actes accomplis ici-bas et se souvenir des autres anges.

11

JÉSUS-CHRIST, DIEU ET HOMME

Dans le onzième cercle, cercle et carré sont égaux. Nous pourrions dire que, tout comme Dieu a donné dix commandements à Moïse, il y a dix parties dans ce cercle : les quatre segments hors du carré, les quatre angles du carré, le cercle et le carré. Mais nous voulons procéder autrement.

Nous considérons que toute la création est contenue dans le cercle et le carré, ce que nous appliquons à notre Seigneur Jésus-Christ. Le carré a quatre significations en Jésus-Christ : les trois personnes qui sont en lui une seule et même essence et nature divine, et une nature humaine par laquelle Dieu s'est fait homme. Le cercle signifie que toutes les créatures ont un rapport avec ces quatre significations du carré, car tout ce qui est créé dépend d'elles.

1. Toutes les fins naturelles et créées sont contenues dans la fin de la nature divine et de la nature humaine de Jésus-Christ.

2. La bonté divine et la bonté humaine de Jésus-Christ contiennent toutes les bontés créées selon la fin de leurs actes. Il en est de même des autres dignités de Jésus-Christ, divines et humaines.

3. Ce qui a une valeur en Jésus-Christ doit en avoir une en elle-même.

4. Les créatures valent plus en Jésus-Christ que par elles-mêmes.

5. La nature divine et la nature humaine de Jésus-Christ communient naturellement avec toutes les créatures.

6. La fin divine et la nature corporelle de Jésus-Christ satisfont à toutes les fins corporelles.

7. Le carré signifie la différence entre la nature divine et la nature humaine de Jésus-Christ. Le cercle signifie l'unité de la personne du Christ.

8. La nature humaine de Jésus-Christ, unie à la nature divine, vaut plus qu'elle-même.

9. En se faisant homme, l'homme-Dieu est totalement Dieu et Dieu-homme totalement homme.

10. Dieu est homme et Dieu par toute l'infinité, la puissance et l'éternité de Dieu.

Conclusions

1. Comme toutes les fins naturelles créées sont contenues dans la fin de la double nature de Jésus-Christ, Jésus-Christ est le sujet en lequel reposent toutes les fins naturelles.

2. Comme la bonté divine et humaine de Jésus-Christ est la fin de toutes les bontés créées, nulle bonté ne trouve de repos en dehors de Jésus-Christ.

3. Qui n'a pas de valeur en Jésus-Christ mérite un grand déshonneur.

4. Comme la valeur des créatures est plus grande en Jésus-Christ qu'en elles-mêmes, Jésus-Christ doit être désiré plus que tout.

5. Comme la nature divine et la nature humaine de Jésus-Christ communient naturellement avec toutes les créatures,

la nature divine et la vertu morale de Jésus-Christ communient avec les vertus morales des hommes.

6. Comme la fin divine et la nature corporelle de Jésus-Christ satisfont à toutes les fins corporelles, aucune d'elles n'existe en vain.

7. Comme Jésus-Christ est une personne avec deux natures, sa nature divine et sa nature humaine ne peuvent être permutables.

8. Comme la nature divine de Jésus-Christ vaut plus que sa nature humaine, il a été fait Dieu de nature divine à partir de la nature humaine.

9. Comme l'homme-Dieu est totalement Dieu et Dieu-homme totalement homme, Dieu-homme est en tout lieu et en dehors de tout lieu.

10. Comme Dieu est homme et Dieu par toute l'infinité, la puissance et l'éternité de Dieu, Jésus-Christ peut en un seul et même instant être sacramentellement dans l'eucharistie, au ciel, et, par la grâce, parmi les hommes qui parlent de lui avec charité.

ESSENCE DIVINE ET TRINITÉ

Dans le douzième cercle, cercle et triangle sont égaux. Le triangle, avec ses trois angles, signifie la divine Trinité, et comme ses trois angles sont égaux, il signifie que les trois personnes divines sont égales. Le cercle n'a aucune division et sa circonférence est continue. Il signifie l'unité de l'essence, de la vie, de la nature, de la bonté, de la grandeur divine, etc. D'après les significations du cercle et du triangle nous voulons poser des principes grâce auxquels on peut trouver des solutions et des conclusions au sujet de Dieu. Ces principes sont les suivants :

1. L'essence, la vie et la nature divines sont égales par la grandeur de la bonté, de l'éternité, de la puissance, de la sagesse, etc.

2. L'essence, la vie et la nature divines ne pourraient être égales sans être distinctes l'une de l'autre.

3. L'essence, la vie et la nature divines ne pourraient concorder sans être distinctes l'une de l'autre.

4. La nature dépourvue de son acte ne peut être égale à la vie qui a le sien.

5. L'essence dépourvue d'acte ne peut valoir autant que la sagesse qui a le sien.

6. Dans l'essence et la vie dépourvues de leurs actes, le comprendre et l'aimer ne peuvent concorder.

7. Le comprendre et l'aimer sans l'égaliser ne peuvent être égaux par l'essence, la vie et la nature.

8. La puissance divine[1] doit avoir son acte, tout comme la vie et la nature divines les leurs.

9. L'unité divine doit avoir son acte aussi naturellement que la gloire divine le sien.

10. La perfection divine doit avoir son acte tout comme la vie divine le sien.

11. Si la bonté divine ne peut avoir son acte propre, elle ne peut permuter avec la vie qui a le sien. De même la volonté doit avoir son acte propre.

12. Tout comme la vie a son acte et la nature le sien, la sagesse et la volonté ont les leurs.

13. Le vivre doit être de la vie et dans la vie, tout comme l'aimer est de l'amour et dans l'amour.

14. Le naturant ne peut naturer s'il n'a de quoi naturer.

15. Sans l'acte de la puissance, aucune volonté ne pourrait avoir un aimer naturel.

16. Qui ôterait son acte à la puissance divine causerait l'oisiveté de toutes les essences et de toutes les natures.

17. Qui ôterait son acte à la vie divine causerait la mort en elle.

18. Qui ôterait son acte à l'intelligence divine causerait l'ignorance en elle.

19. Si l'éternité divine n'avait pas son acte, comprendre et aimer ne pourraient durer en elle.

20. Qui ôterait son acte à l'essence infinie causerait en elle la malice infinie.

---

1. Traduction de *essència de poder* = essence de la puissance.

Conclusions

1. L'essence, la vie et la nature divines sont égales par la grandeur de la bonté, de l'éternité, de la puissance, de la sagesse, etc. De même que la vie divine a son acte grandement bon, éternel, puissant, sage etc., l'essence et la nature divines ont les leurs, de sorte que, par la grandeur de la bonté, de l'éternité, de la puissance, de la sagesse, etc., l'essence et la nature puissent être égales à la vie. S'il en était autrement, la grandeur divine ne pourrait être raison pour l'essence et la nature d'être aussi grandes que la vie. L'essence divine a donc son acte, comme la nature et la vie divines ont les leurs.

2. L'essence, la vie et la nature divines ne pourraient être égales sans être distinctes l'une de l'autre, car l'égalité ne peut être qu'entre choses distinctes.

3. L'essence, la vie et la nature divines ne pourraient concorder sans être distinctes l'une de l'autre, car il ne peut y avoir de concordance sans distinction.

4. La nature qui n'a pas d'acte ne peut être égale à la vie qui a le sien. La nature et la vie doivent être égales en Dieu par leurs actes respectifs. On peut en déduire que si la nature divine a le naturer et la vie divine le vivre, la nature divine doit nécessairement avoir naturant et naturable et la vie divine vivant et vivable.

5. L'essence dépourvue de son acte ne peut être égale à la sagesse qui a le sien. Comme en Dieu l'essence et la sagesse sont permutables, l'essence doit donc valoir par son acte autant que la sagesse par le sien.

6. Dans l'essence et la vie dépourvues de leurs actes, comprendre et aimer ne peuvent naturellement concorder. La nature divine doit donc avoir son acte pour que comprendre et aimer puissent naturellement concorder en Dieu.

7. Comprendre et aimer ne peuvent, sans l'acte de l'égalité, être égaux par essence, vie et nature. L'acte de l'égalité

est donc en Dieu par la production du compris et de l'aimé[2], par lesquels comprendre et aimer peuvent être égaux par l'essence, la vie et la nature.

8. La puissance divine doit avoir son acte, tout comme la vie et la nature les leurs. Il y a donc en Dieu un produire naturel dans lequel la puissance divine ne pourrait avoir son acte.

9. L'unité divine doit avoir son acte tout comme la gloire le sien. L'unité divine produit donc nécessairement, sans quoi elle ne pourrait unir.

10. La perfection divine doit avoir son acte, tout comme la vie a le sien. On peut en déduire que l'essence de Dieu doit produire.

11. Si la bonté divine n'avait pas son acte, elle ne pourrait être permutable avec la vie qui a le sien. La bonté divine, permutable avec la vie, doit donc avoir un acte propre comme la vie a le sien.

12. La vie est pour vivre et la nature pour naturer, tout comme la sagesse est pour comprendre et la volonté pour aimer. En Dieu, qui est vie et nature, vivre et naturer sont donc permutables, comme le sont la vie et la nature.

13. Comme vivre doit être de la vie et dans la vie, aimer doit être de l'amour et dans l'amour. Produire est donc dans la vie divine, car vivre ne peut être de la vie et dans la vie sans distinction et production.

14. Le naturant ne peut naturer s'il n'a pas de quoi naturer. Dieu nature donc son fils avec quelque chose, c'est-à-dire avec une propriété personnelle.

15. Sans l'acte de la puissance aucune volonté ne peut avoir un aimer naturel. Dieu, qui a un aimer naturel, est donc naturellement puissant.

16. Qui ôterait son acte à la puissance divine rendrait oisives toutes les essences. Il faut donc qu'en Dieu, en qui il n'y a pas d'oisiveté, la puissance ait son acte.

2. Le « compris » et l'« aimé » = le Fils et le Saint-Esprit.

17. Qui ôterait son acte à la vie divine causerait en elle la mort. Il faut donc qu'en Dieu, où la mort est absente, la vie ait son acte.

18. Qui ôterait son acte à l'intelligence de Dieu causerait en lui l'ignorance. Qui ôterait de l'essence divine, identique à son intelligence, le naturer, causerait donc en elle la corruption. La génération, contraire de la corruption, est donc dans la nature divine.

19. Si l'éternité divine n'avait pas son acte, comprendre et aimer ne pourraient durer en elle. Il faut donc que l'éternité ait son acte, et par conséquent le produire et l'engendrer.

20. Qui ôterait son acte à l'essence infinie causerait en elle la malice infinie, car le mal infini serait la privation du bien infini. La bonté infinie, qui est en Dieu son essence infinie, nous montre donc que l'essence infinie a son acte ; et l'acte prouve la génération et la spiration infinies sans lesquelles il ne pourrait être, car il lui faut être pour produire.

Questions

Dans cet ouvrage nous traitons de questions de théologie pour montrer l'utilité des principes posés plus haut et enseigner comment résoudre d'autres questions.

Nous suivrons l'ordre suivant : nous soutiendrons d'abord le contraire de la vérité, puis nous répondrons à la question et ensuite à l'objection en alléguant les principes posés plus haut[1].

1. Cet ordre ne sera pas toujours rigoureusement suivi. Les réponses seront parfois très laconiques.

1

AU SUJET DE L'ESSENCE DIVINE
ET DES DIGNITÉS

1. Y a-t-il plusieurs unités dans l'unité divine ?

— Nous disons non, ce que nous montrons comme suit. S'il y avait plusieurs unités dans l'unité divine, une unité serait distincte d'une autre et chaque unité serait finie, l'une n'étant pas l'autre. Comme il n'y a en Dieu aucune essence finie, puisque son essence est infinie, il ne peut donc y avoir plusieurs unités dans l'unité divine.

— Voir le premier chapitre des *Principes*. Il y est signifié qu'il y a plusieurs unités dans l'unité divine pour que plusieurs actes puissent s'accomplir en elle, chacun de ces actes s'accomplissant suivant la propriété dont il procède. Ainsi, comprendre est l'acte de la sagesse, vouloir l'acte de la volonté, glorifier l'acte de la gloire, etc. S'il n'y avait pas plusieurs unités dans l'unité divine, ces actes seraient confus et non clairs. Ils seraient plus clairs et plus nets pour les unités créées que pour les unités incréées[1] : la bonté créée aurait son acte propre, la grandeur créée le sien, etc., ce qui

---

1. « Unités créées » = créatures ; « Unités incréées » = dignités divines.

est impossible. Il y a donc dans l'unité divine plusieurs unités, c'est-à-dire une bonté, une grandeur, etc.

Nous répondons ainsi à l'objection : qu'il y ait plusieurs unités dans l'unité divine, il ne s'ensuit pas qu'elles soient des essences finies, car la bonté, la grandeur, etc. sont égales dans l'essence et la nature divines. Dans les opérations intrinsèques, c'est-à-dire la génération et la spiration, ces unités ont des actes clairs. Elles sont réelles et multiples. Dieu est bon par sa bonté, grand par sa grandeur, éternel par son éternité. Il est un seul Dieu par sa déité.

2. L'unité divine a-t-elle l'acte d'unir ?

— L'unité divine n'a pas l'acte d'unir. Si elle l'avait, elle serait composée de plusieurs éléments, car on ne peut unir qu'une multiplicité composée, ce qui ne peut être dans l'unité divine.

— L'unité divine doit nécessairement avoir l'acte d'unir. Voir le premier chapitre des *Principes*. Si l'unité divine n'avait pas l'acte d'unir, Dieu serait plus parfait par sa sagesse qui comprend, par sa volonté qui aime, que par son unité impuissante à unir, car la sagesse qui comprend dit plus qu'elle-même, de même que la volonté qui veut, et les autres dignités. Or, comme Dieu est aussi parfait par son unité que par sa sagesse et ses autres dignités, son unité doit avoir l'acte d'unir.

Il a été dit qu'il y aurait composition en Dieu si son unité avait l'acte d'unir. Nous répondons qu'il n'y a aucun rapport entre l'une et l'autre, si l'on admet qu'unir est l'acte d'une unité simple, éternelle et infinie. Ainsi, Dieu le Père, unité éternelle et infinie, en engendrant le Fils par son unité simple, produit éternellement et infiniment un seul Fils par l'acte de son unité, un seul Fils et non plusieurs.

2

AU SUJET DE DIEU ACTE

1. Dieu vaut-il autant par son action que par son essence ?

— Que Dieu ne vaille pas autant par son action que par son essence, nous le prouvons de la manière suivante : Dieu se comprend et s'aime lui-même. S'il valait autant par sa compréhension et son amour que par son essence, il vaudrait deux fois plus par son action que par son essence : par son essence il est Dieu, par l'acte de comprendre il serait un autre Dieu et un autre Dieu par l'acte d'aimer. Il y aurait donc trois Dieux, ce qui est impossible.

— Voir le premier principe du deuxième chapitre des *Principes*. Il y est signifié que Dieu vaut autant par son action intrinsèque que par son essence. Comme Dieu est un par son essence, il est un par son action, pour que son action et son essence soient permutables dans l'unité de l'essence, de l'action et de la nature. Il est faux de dire que Dieu vaudrait deux fois plus par son action que par son essence, car en Dieu comprendre et aimer sont permutables en raison de l'identité de la sagesse et de la volonté en lui.

2. Dieu doit-il nécessairement être par son essence autant que par son action intrinsèque ?

— Dieu doit nécessairement être par son essence plutôt que par son action, car il est par son essence nécessairement éternel et infini, ce qui ne peut être détruit, puisque éternel et infini. Mais comme il agit librement et non contraint, il n'agit pas éternellement et infiniment. Il peut, s'il le veut, ne pas agir, et, s'il le veut, agir à un moment et non à un autre.

— Voir le deuxième principe. Il est vrai que Dieu agit librement. Cependant, parce que son action lui est naturelle et de sa propre essence, comme le Père engendre de lui-même le Fils, il n'est pas libre de ne pas agir, puisque cet acte lui est naturel, éternel et infini, de sorte qu'il est Dieu aussi bon par son action que par son essence, ce qui a déjà été prouvé.

3. Dieu peut-il faire de lui-même un être égal à lui-même ?

— Dieu ne peut faire de lui-même un être aussi bon et aussi grand que lui, car s'il pouvait le faire, il pourrait se diviser en parties aussi grandes que lui-même. La partie serait alors égale au tout et l'essence éternelle et infinie serait divisible, ce qui est impossible.

— Voir le troisième principe. Dire que si Dieu pouvait faire de lui-même un être égal à lui-même, il serait divisible, serait vrai s'il le faisait matériellement et non formellement. Mais comme Dieu le Père, par la vertu de son essence, engendre le Fils et forme avec lui une seule essence et une seule nature indistincte, il n'est pas divisible, car il est éternel et infini.

4. Un être éternel et infini peut-il être produit ?

— Nul être éternel et infini ne peut être produit, car toute production suppose temps, quantité et mouvement, qui ne peuvent être dans une essence éternelle et infinie.

— Voir le quatrième principe. Dieu produit Dieu. Il est vrai que la production d'un être créé ne peut se faire hors du temps, de la quantité et du mouvement, mais ce n'est pas vrai pour un être incréé. Sa puissance est infinie et peut de l'infini produire l'infini, sa volonté infinie peut le vouloir, sa sagesse infinie le savoir, sa grandeur infinie se suffire à elle-même, et l'éternité l'accomplir hors du temps et du mouvement. Il en est de même des autres dignités divines, infinies, et dont les actes sont éternels et infinis.

5. Dieu, être infini, peut-il se comprendre lui-même par son intelligence ?

— Dieu ne peut se comprendre ni par son intelligence ni autrement, car il est un être infini qui ne peut être compris. S'il pouvait se comprendre, il se donnerait à lui-même des limites. Il serait infini et fini, ce qui est impossible et contradictoire.

— Voir le cinquième principe. Dire que Dieu serait fini s'il se comprenait lui-même serait vrai si, avec son intelligence, Dieu comprenait son essence et son être, parce que son intelligence leur serait alors supérieure. Mais l'intelligence, l'essence et l'être sont permutables en Dieu et l'intelligence de Dieu a un acte infini pour comprendre son essence infinie qu'elle comprend infinie. Il en est de même de la puissance de Dieu et des autres dignités qu'elle comprend infinies et non finies, comme elle comprend qu'elles ont des actes infinis. C'est pourquoi l'objection est sans valeur.

6. L'activité intrinsèque de Dieu vaut-elle par elle-même ?

— L'activité intrinsèque de Dieu ne peut valoir par elle-même, car elle se rapporte à l'œuvre qui est sa fin. Ainsi une maison est la fin de sa construction. La construction a pour but de faire une maison, mais celle-ci n'est pas la construction.

— Voir le sixième principe. Il est vrai que l'activité ne vaut pas autant que sa fin chez les créatures. Mais l'activité de Dieu vaut autant que sa fin. Ce qui est en Dieu est infini et non mesurable, et il a été prouvé plus haut que Dieu vaut autant par son action que par son essence.

7. Dieu doit-il produire des créatures bonnes, grandes et nobles plutôt que des créatures médiocres ?

— Dieu doit produire des créatures médiocrement bonnes, grandes et nobles plutôt que d'excellentes, d'après notre expérience. Il a produit en effet le monde dans le temps, médiocrement bon, grand et noble, alors qu'il aurait pu, par sa toute-puissance, produire le monde éternel, sans commencement ni fin, hors du temps et sans médiocrité. Comme il ne l'a pas créé éternel, sans commencement ni fin, c'est qu'il devait faire ce qu'il a fait et qu'il voulait faire plutôt que ce qu'il n'a pas fait et ne voulait pas faire.

— Voir le septième principe. Il est faux de dire que Dieu doit produire une bonté ou une noblesse médiocres plutôt qu'excellentes, parce qu'il a produit un monde médiocrement bon, grand et noble, alors qu'il aurait pu le produire de plus grande qualité. Dieu doit mettre dans son effet la proportion de bonté, de grandeur et de noblesse requise par la fin recherchée. S'il avait produit le monde aussi bon, aussi durable, aussi noble qu'il le pouvait, le monde ne serait pas en rapport avec sa fin, car il ne peut y avoir de proportion ni d'ordre dans une multiplication infinie. Dieu a donc produit le monde par rapport à la fin recherchée. Cette fin est la nature humaine pleine de bonté de notre Seigneur Jésus-Christ, par laquelle il s'est fait homme.

8. *Dieu a-t-il pu créer l'ange si simple qu'il n'ait aucune composition ?*

— Dieu a une puissance simple et infinie. Il peut donc créer l'ange simple, sans aucune composition.

— Voir le huitième principe. Il y est dit que Dieu doit produire une cause simple après en avoir produit une composée. Dieu en effet est simple et on comprend que Dieu le Père, cause simple, produise le Fils simple, Dieu et cause du Saint-Esprit et du monde. Bien que Dieu soit cause simple et qu'il ait une puissance simple, il ne peut produire pour autant l'ange simple, sans composition. Dieu, quant à lui, pourrait le produire, mais l'ange, pour sa part, ne peut être que de différentes parties. Ainsi, sa bonté, sa grandeur, sa durée, sa puissance, sa sagesse, sa volonté et ses autres qualités naturelles[1] ne sont pas permutables en lui. Si elles pouvaient l'être, il serait semblable à Dieu, puisqu'il pourrait faire tout ce qu'il voudrait, sa puissance et sa volonté étant permutables. L'ange ne peut donc être produit ni créé sans composition.

9. *Dieu est-il éloigné d'une oisiveté éternelle et infinie parce qu'il se comprend et qu'il s'aime ?*

— Dieu ne peut se faire lui-même bon, infini, éternel,

---

1. Lulle attribue à l'ange les facultés intellectuelles de l'homme (intelligence, volonté, mémoire) et les dignités de Dieu. Malgré tout, cette dernière attribution n'est pas précisée davantage.

puissant, etc., car c'est par lui-même qu'il est bon, infini, éternel, puissant, etc. Il n'est pas nécessaire qu'il ait le bonifier, l'infinir, l'éterniser, le possifier, etc. Il est éloigné d'une oisiveté éternelle et infinie par cela seul qu'il se comprend et s'aime lui-même.

— Voir le neuvième principe. Chacune des dignités divines doit avoir son acte propre pour que, dans l'essence divine, une dignité ne soit pas plus noble qu'une autre, ce qu'elle serait si l'une avait un acte propre et l'autre non. Il y aurait même une différence d'essence entre une dignité et une autre, ce qui est impossible. Il est vrai que Dieu n'a pas à se faire bon lui-même, etc., parce qu'il est bon par lui-même, du fait de son existence. Mais comme la bonté, etc., lui revient par mode d'agence, il doit se faire bon, tels le Père et le Fils qui se font bons en produisant le Saint-Esprit bon. Ainsi l'objection n'a de valeur qu'en partie.

10. Dieu peut-il produire éternellement quelque chose de lui ?

— Dieu est éternité. Tout ce qui est en lui est éternel. Aussi ne peut-il produire quelque chose de soi, sinon il le ferait passer de la puissance à l'acte. Tout ce que Dieu a en lui essentiellement ne serait donc pas acte pur, éternel et immuable, ce qui est impossible.

— Voir le dixième principe. Dire que si Dieu produisait quelque chose de soi, il le ferait passer de la puissance à l'acte, serait vrai si cette production était semblable à celle des créatures ici-bas. Mais la production divine est d'un autre ordre : Dieu le Père, de son essence et de sa nature éternelle et infinie, produit le Fils éternel et infini. Comme il le produit de toute éternité, il ne peut passer de la puissance à l'acte, ni le produire quantitativement, car il le produit de son infinité essentielle.

11. *Pourquoi ne peut-il y avoir d'inégalité en Dieu ?*

— Il ne peut y avoir d'inégalité en Dieu parce qu'il est une unité simple, éternelle et infinie, sans aucune pluralité. Il ne peut y avoir d'inégalité là où il n'y a ni pluralité ni composition.

— Voir le onzième principe. Il est vrai qu'il ne peut y avoir d'inégalité en Dieu en raison de son unité et de sa simplicité éternelle et infinie. Mais il est faux de nier la pluralité en Dieu, car Dieu, par cette pluralité, a une égalité de personnes qui l'éloigne de l'inégalité. Tout comme le feu est, par sa nature chaude, plus éloigné de la nature froide de l'eau[2] que s'il n'était pas chaud, Dieu est plus éloigné de l'inégalité par l'égalité qui est en lui que sans égalité.

12. *Qu'est-ce qui rend la contrariété impossible en Dieu ?*

— Ce qui rend la contrariété impossible en Dieu est son unité simple et infinie, éloignée de toute pluralité, car la contrariété ne peut être dans une essence simple. Il en est ainsi parce que la contrariété ne peut être sans pluralité et sans distinction de contraires.

— Voir le douzième principe. La contrariété est impossible en Dieu en raison de l'unité de son essence simple et infinie, mais aussi de la concordance éternelle et infinie des personnes divines. La concordance des personnes en Dieu est nécessaire pour qu'il puisse être éloigné de la contrariété. La distance qui éloigne Dieu de la contrariété en raison de son unité simple, éternelle et infinie, et en raison de la concor-

---

2. L'opposition entre le feu et l'eau est fondamentale. En effet, le feu est chaud par lui-même (= par propriété propre) et sec par appropriation de la sècheresse de la terre. L'eau, de son côté, est froide par elle-même et humide par appropriation de l'humidité de l'air.

dance des personnes, est en effet plus grande que celle qui l'éloignerait en raison seulement de son unité.

13. *Le pécheur doit-il espérer le salut plutôt que craindre la damnation ?*

— Le pécheur en état de péché mortel doit craindre la damnation plutôt qu'espérer le salut, car il est prisonnier de la justice de Dieu.

— Voir le treizième principe. Certes, le pécheur doit craindre sa damnation plutôt qu'espérer son salut, car il est prisonnier de la justice de Dieu, s'il n'espère pas en sa miséricorde. Il n'est toutefois pas lié s'il espère en la miséricorde de Dieu, car celle-ci et l'espérance qu'il a en elle le délient du péché par la contrition, la confession, la satisfaction, le repentir et la charité.

14. *La création du monde, tiré du néant[3], a-t-elle apporté en Dieu une nouveauté ou un changement ?*

— Si le monde a été tiré du néant, sa création a dû apporter en Dieu de la nouveauté ou du changement. En effet, au moment de créer le monde, Dieu a voulu faire et a fait ce qu'il ne voulait pas faire et ce qu'il ne faisait pas auparavant.

— Voir le quatorzième principe. Il est faux de dire qu'il y a eu nouveauté ou changement en Dieu par sa création du monde. En effet, l'acte intrinsèque de Dieu, qui consiste

3. Lulle emploie ici l'expression *de nou* (latin *de novo*) qui pourrait être traduite par *nouvellement* (voir ci-dessus *Principes*, chap. 7, note 3). Mais ci-dessous, question 19, Lulle parle de création *ex nihilo, de no res*. Les deux expressions sont équivalentes : le monde a été créé à partir de rien ; il est donc entièrement nouveau. En revanche, il n'a apporté en Dieu aucune nouveauté.

en la production des personnes divines, ne peut subir de changement par la création, car il est éternel et infini, tandis que son acte extrinsèque se situe dans le temps et suppose quantité en raison du sujet créé. Comme l'éternité et l'infinité de Dieu sont égales à sa puissance, à sa volonté et à ses autres dignités, celles-ci ne peuvent se renouveler ni se modifier. S'il en était ainsi, il n'y aurait pas en Dieu égalité entre la puissance et la volonté, entre l'infinité et l'éternité, ce qui est impossible.

15. Dieu a-t-il quelque défaut ?

— Si Dieu produit Dieu c'est qu'il a besoin de le produire. S'il n'en éprouvait pas le besoin, il le produirait en vain et contre la perfection de sa fin, ce qui est impossible.

— Voir le quinzième principe. Il est faux de dire que Dieu produit Dieu parce qu'il a besoin de le produire. Dieu le Père produit naturellement Dieu le Fils, qu'il ne peut pas ne pas produire, puisque la production lui est naturelle, éternelle et infinie, comme il est naturel à l'intelligence de comprendre, à la volonté de vouloir, à la gloire de glorifier.

16. L'effet peut-il être égal à sa cause première ?

— Dieu est la cause première et le monde est son effet. La cause première et son effet pourraient être également éternels, car ils sont en corrélation l'un avec l'autre.

— Voir le seizième principe. Il est vrai que la cause première et son effet sont dans un rapport d'égalité. Mais en ce qui concerne la durée, la cause, considérée comme être et essence, peut exister avant son effet. De même que Martin père existe avant d'engendrer son fils, Dieu est de toute éternité et cause le monde dans le temps. Il en a été la cause au moment de créer le monde, mais il a existé par son essence et sa nature avant la création du monde.

17. Comme Dieu peut faire de la créature plus que la créature elle-même, peut-il produire une créature infinie ?

— La puissance et la volonté sont égales en Dieu. Aussi peut-il faire de la créature ce que veut en faire sa volonté, même la tirer du néant. Si, en effet, sa volonté voulait faire de la créature autre chose que ce que sa puissance pourrait en faire, sa volonté et sa puissance ne seraient pas égales. Dieu peut donc produire une créature infinie.

— Voir le dix-septième principe. Il est vrai que Dieu a plus de pouvoir sur la créature que la créature elle-même et qu'il peut faire d'elle ce que sa volonté veut et ce que sa puissance peut faire d'elle, car la puissance et la volonté sont égales en Dieu. Mais Dieu ne peut vouloir que la créature soit infinie, car la sagesse de Dieu sait que Dieu seul est infini et que la créature ne peut l'être.

18. La créature borne-t-elle et limite-t-elle la puissance divine parce qu'elle ne peut recevoir son influence éternelle et infinie ?

— Dieu a une puissance éternelle et infinie. Si la créature pouvait recevoir toute son influence, la puissance divine pourrait la créer éternelle et infinie. Mais comme la créature ne peut recevoir la puissance de Dieu, elle la borne et la limite.

— Voir le dix-huitième principe. Il est vrai que la créature borne et limite la puissance divine, puisqu'elle est incapable de recevoir de Dieu une influence éternelle et infinie. La puissance divine est donc limitée dans les créatures, mais non en elle-même.

19. Dieu a-t-il plus de pouvoir sur la créature en la créant de rien plutôt qu'en la causant éternellement ?

— Dieu a plus de pouvoir sur la créature en la causant éternellement, sans commencement ni fin, plutôt qu'en la créant de rien. La puissance de Dieu peut en effet plus sur la créature par l'éternité que par la durée temporelle.

— Voir le dix-neuvième principe. Que la puissance de Dieu ait plus de pouvoir sur la créature par l'éternité que par la création serait vrai si Dieu n'éviternisait[4] pas la créature. Mais en conservant éviternellement le monde créé à partir de rien, la cause comprend et mesure mieux son effet en lui donnant un commencement qu'en ne lui en donnant pas. Causer un être à partir de rien est plus en effet que le produire à partir d'un autre, en le dirigeant[5] seulement, sans lui donner un commencement.

20. Y a-t-il en Dieu une nature immuable ?

— Dieu ne peut avoir une nature immuable. Toute nature demande en effet à créer, mais ne le peut sans novation et ne peut innover sans changement.

— Voir le vingtième principe. Il est vrai que la nature demande à créer du nouveau, quand il s'agit de la nature créée qui n'est ni éternelle ni infinie et qui demande à se renouveler en quantité, en temps et lieu. Il n'en est pas de même de la nature divine qui demande à créer éternellement et infiniment. Aussi l'objection est-elle sans valeur.

---

4. L'éviternité est une notion importante pour Lulle. C'est la durée qui a eu un commencement, mais qui n'aura pas de fin. Éviterniser c'est créer de l'éviternel. Seul, Dieu peut le faire.

5. « En dirigeant » : l'expression traduit l'action de Dieu-providence qui veille sur les créatures et les guide (*Matthieu*, VI, 38-39).

3

AU SUJET DE LA TRINITÉ

1. La déité pourrait-elle avoir coessentiellement et con-substantiellement quelque chose d'autre dont elle est pleine ?

— La déité est l'essence de Dieu et n'a en elle rien d'autre qu'elle-même, car elle est simple et infinie. Aussi est-elle pleine d'elle-même et non d'autre chose.

— Voir le premier principe du chapitre trois. Il est vrai que l'essence divine est pleine d'elle-même et de rien d'autre. Cependant elle doit, pour être comblée, avoir en soi son acte, sans quoi elle ne pourrait l'être par les actes de la bonté, de la grandeur, de l'éternité, de la puissance, de la sagesse, de la volonté, etc.

2. — La puissance, l'objet et l'acte peuvent-ils être égaux en Dieu ?

— La puissance, l'objet et l'acte ne peuvent être égaux en Dieu, car Dieu fait correspondre principalement son acte à l'objet.

— Voir le deuxième principe. Dire que la puissance de Dieu fait correspondre principalement son acte à l'objet serait vrai si l'objet était plus noble que la puissance et l'acte. Mais la puissance, l'objet et l'acte son égaux en Dieu par essence et nature, et il n'y a en lui qu'une essence et une nature éternelle et infinie dans laquelle les dignités et leurs actes sont égaux.

3. *La bonté divine pourrait-elle être infiniment grande si elle n'avait pas en elle-même le « bonifiant », le « bonifiable » et le « bonifier » coessentiels et substantiels ?*

— La bonté divine pourrait être infiniment et éternellement grande si elle n'avait pas en elle-même le « bonifiant », le « bonifiable » et le « bonifier » coessentiels et substantiels, car son objet se bonifierait lui-même dans le temps en créant du bien à partir de ce qui n'en est pas. Ainsi l'acte de la bonté mettrait en Dieu le temps, opposé à l'éternité, et la quantité, opposée à l'infinité.

— Voir le troisième principe. On pourrait dire que l'acte de la bonté serait pour Dieu une imperfection si cet acte était semblable à ceux d'ici-bas. Mais Dieu le Père ne se fait pas bon par son existence, puisqu'il est éternellement et infiniment bon. Il se fait bon par son activité en produisant le Fils éternellement et infiniment bon, tout comme un homme, bon par son essence et sa nature, l'est aussi parce qu'il engendre naturellement un autre homme.

4. *Qu'est-ce qui éloigne le plus la bonté divine de la malice ?*

— La bonté divine est éloignée de la malice parce qu'elle est une essence simple, éternelle et infinie, sans aucun acte.

Si, en effet, elle accomplissait en elle un acte, elle pourrait en être empêchée par la malice.

— Voir le quatrième principe. Il est faux de dire que la bonté divine serait plus éloignée de la malice si elle n'accomplissait pas d'acte, car l'essence dont la bonté agit éternellement et infiniment est bien meilleure que l'essence dont la bonté ne produirait aucun bien. Sans acte, la bonté divine ne serait pas éloignée de la malice, car elle serait oisive et son oisiveté mauvaise. Si le bien qui découle de la bonté divine, d'une puissance, d'une sagesse, d'une volonté et d'une vertu éternelles et infinies, est éternel et infini, rien ne peut empêcher le bien de s'accomplir.

5. De quoi la bonté divine est-elle pleine ?

— La bonté divine est pleine de son essence simple et de rien d'autre. S'il en était autrement, elle ne pourrait être pleine dans la mesure où il lui manquerait de quoi être pleine par elle-même.

— Voir le cinquième principe. Il est vrai que l'unité divine est pleine de sa propre essence. Elle ne pourrait cependant l'être si la puissance de son essence était oisive. Il en est de même de la bonté et des autres attributs[1] de l'essence.

6. Y a-t-il un nombre parfait dans l'unité divine ?

— L'unité divine est un nombre parfait, une essence singulière, éternelle et infinie, qui n'a besoin ni d'addition ni de diminution.

— Voir le sixième principe. Il est vrai que l'unité divine

—————

1. Les attributs sont les dignités divines.

est un nombre parfait par sa singularité éternelle et infinie. Cependant une unité n'est pas un nombre parfait, mais le principe du nombre pair, et le nombre parfait est le nombre trois, qui rend parfaits le pair et l'impair.

7. Y a-t-il dans l'unité divine un nombre naturel susceptible d'être dénombré naturellement ?

— Il ne peut y avoir de nombre naturel dans l'unité divine, sinon plusieurs unités pourraient être dénombrées en elle, et par conséquent plusieurs essences distinctes. De leur distinction découleraient la quantité, la limite et la finitude, ce qui est impossible, car en Dieu il ne peut y avoir ni quantité, ni limite, ni diversité des essences.

— Voir le septième principe. Dire qu'il y aurait en Dieu quantité et finitude si on dénombrait plusieurs unités dans l'unité divine, serait vrai si les unités étaient par essence distinctes entre elles. Mais il n'y a en Dieu qu'une seule essence, dans laquelle ses nombres coessentiels sont eux-mêmes une essence éternelle et infinie.

8. L'aimant, l'aimable et l'aimer peuvent-ils être comptés réellement et naturellement dans la volonté de Dieu ?

— Il n'y a qu'un seul amour en Dieu, et par cet amour Dieu est aimant, aimable et aimer. Dieu s'aime lui-même par son amour. Par cet amour, il est tout à la fois aimant, aimable et aimer, sans multiplication de nombre réel et naturel.

— Voir le huitième principe. Certes, Dieu est de lui-même aimant, aimable et aimer, sans multiplication de nombre, si l'on considère son essence et sa nature. Mais si on ne distinguait pas l'aimant, l'aimable et l'aimer, on aurait un nombre confus, non naturel, accidentel, que la sagesse divine ne pourrait compter ni comprendre, puisque l'aimant, l'aimable et l'aimer seraient confondus et ne constitueraient pas un nombre naturel et réel que la sagesse pourrait comprendre clairement et distinctement, que la volonté pourrait aimer, l'éternité conserver, la vérité rendre vrai, la bonté rendre bon, la vertu vertueux, la gloire glorieux, la puissance puissant et la perfection parfait.

9. Dieu peut-il être cause parfaite sans le monde et sans une nature en acte ?

— Dieu peut être par lui-même sans le monde et sans une nature en acte, car sa puissance est éternelle et infinie. Mais comme le sujet de sa création ne peut être éternel ni infini, Dieu ne peut créer du nouveau et avoir en lui-même une nature en acte, puisqu'il est éternel et infini.

— Voir le neuvième principe. Il est faux de dire que Dieu ne peut avoir en lui-même une nature en acte, car Dieu le Père, dont la puissance est éternelle et infinie, peut de lui-même, par sa puissance, essence éternelle et infinie, produire naturellement le Fils éternel et infini.

10. Combien de termes signifient-ils que la cause est parfaite ?

— Trois termes signifient que la cause est parfaite : la génération, la corruption et la privation.

— Voir le dixième principe. Il est faux de dire que la cause est parfaite par la génération, la corruption et la privation, car il n'est pas de perfection dans la corruption et la privation, naturellement imparfaites et contraires à une durée éternelle.

11. Comment la cause parfaite pourrait-elle être imparfaite ?

— La cause parfaite ne le serait pas si causer et parfaire existaient, de l'essence du causant et du causé, du parfaisant et du parfait. En effet, tout sujet qui a besoin d'être causé et d'être parfait est imparfait en acte.

— Voir le onzième principe. Certes, tout sujet qui demande à être causé et à être parfait est imparfait, s'il n'est pas éternel et infini. Mais causer et parfaire sont des actes parfaits dans le sujet éternel et infini. Ainsi, par la génération, Dieu le Père cause et rend parfait éternellement et infiniment le Fils éternel, infini et parfait.

12. Dieu est-il naturellement généreux ?

— Dieu ne peut être naturellement généreux, car s'il l'était, il donnerait quelque chose de lui et il se partagerait, ce qui est impossible.

— Voir le douzième principe. Dieu ne pourrait donner naturellement quelque chose de lui-même s'il se divisait. Mais, par la génération éternelle et infinie, Dieu le Père donne l'être au Fils en l'engendrant de lui-même, lui-même demeurant avec son essence, sa nature éternelle et infinie. Il peut donc avoir une générosité naturelle et communiquer au Fils tout ce qu'il a en lui.

13. Dieu peut-il s'aimer et se donner naturellement par générosité autant que par la bonté[2] de son être ?

— Dieu ne peut s'aimer ni se donner naturellement à per-

2. Il y a une différence d'intensité entre la générosité et la bonté. La générosité est plus élevée, plus active.

sonne par générosité autant que par bonté de son être. Il est éternellement et infiniment généreux, mais personne ne pourrait recevoir son don, car tout être que lui est fini et vit dans le temps.

— Voir le treizième principe. Dire que Dieu ne peut s'aimer autant par générosité que par bonté, c'est lui attribuer un amour imparfait, ce qui ne peut être d'une générosité éternelle et infinie. Dieu ne pourrait s'aimer par son don autant que par sa bonté, ce qui entraînerait un défaut de bonté dans son amour, chose impossible. Dieu a donc une générosité naturelle aussi noble que sa bonté, pour pouvoir se donner naturellement et généreusement et communier avec Dieu. Ainsi, Dieu le Père se donne éternellement et infiniment au Fils et tous deux se donnent au Saint-Esprit.

14. Le Saint-Esprit procède-t-il du Père et du Fils ?

— Le Saint-Esprit procède du Père et non du Fils, car s'il procédait des deux, le Père, propriété propre et personnelle en tant qu'il engendre le Fils, serait à la fois propriété singulière et commune, ce qui serait contradictoire. Il est impossible qu'une propriété soit singulière et non singulière, commune et non commune.

— Voir le quatorzième principe. Il est faux de dire que si le Saint-Esprit procédait du Père et du Fils, le Père serait propriété singulière et non singulière, commune et non commune. En effet, le Père peut être propriété propre, singulière et personnelle, dans la génération et sa relation avec le Fils ; par l'amour qu'il entretient avec son Fils, il peut être avec lui propriété personnelle et commune en produisant le Saint-Esprit. En Dieu engendrer par nature et produire par amour sont des actes distincts l'un de l'autre.

15. Si une flèche, tel un éclair, était mue éviternellement par les actes naturels de la puissance, de la sagesse et de la volonté de Dieu, la grandeur infinie de Dieu pourrait-elle empêcher que la flèche n'aille au-delà de ce qui lui est fixé ?

— Si la flèche était mue d'un mouvement éviternel, elle irait nécessairement au-delà de ce qui lui est fixé par les actes de la puissance, de la sagesse et de la volonté de Dieu, ou bien ces actes auraient des limites éviternelles, ne pouvant être portés à la perfection par la grandeur.

— Voir le quinzième principe. Il est faux de dire que la flèche, mue d'un mouvement éviternel, irait au-delà de ce qui lui est fixé par les actes de la puissance, de la sagesse et de la volonté de Dieu. Ces actes s'accomplissent en effet par une génération et une spiration éternelles et infinies, sans commencement ni fin. Il n'en est pas de même de la flèche qui a un commencement dans le temps. Comme l'éviternité n'est pas l'éternité[3], l'objection est sans valeur.

16. L'éternité divine pourrait-elle avoir un acte parfait si elle avait créé le monde sans commencement ni fin ?

— Si le monde était éternel, sans commencement ni fin, son éternité ne serait pas parfaite par elle-même, mais le serait par l'éternité de Dieu, qui l'aurait créée. L'éternité divine devrait nécessairement avoir un acte parfait dans son effet.

— Voir le seizième principe. Il est faux de dire que l'éternité divine aurait un acte parfait si elle causait une autre éternité sans commencement ni fin, car elle se ferait injure. Il en serait de même de la bonté, de l'infinité, de la grandeur,

---

3. L'éviternité est différente de l'éternité, puisqu'elle a eu un commencement.

de la puissance et des autres dignités, puisque l'éternité divine est avec elles une essence et une nature uniques.

17. Dieu pourrait-il être tout-puissant et tout bon sans une égalité naturelle ?

— S'il y avait une égalité naturelle en Dieu, il pourrait causer une éternité égale à la sienne. Il en serait de même de sa bonté et de ses autres dignités, ce qui est impossible. Dieu n'a donc pas en lui une égalité naturelle.

— Voir le dix-septième principe. Il est faux de dire que, si Dieu avait une égalité naturelle, il pourrait causer une durée éternelle, si l'on considère une nature extérieure qui ne pourrait recevoir tout ce que la nature divine peut produire. Mais Dieu a en lui une égalité naturelle qui fait que les personnes divines sont également toutes-puissantes et toutes bonnes.

18. Une propriété singulière et une propriété commune peuvent-elles être égales en Dieu ?

— Une propriété singulière et une propriété commune ne peuvent être égales en Dieu, car elles ne peuvent être également grandes.

— Voir le dix-huitième principe. Il est faux de dire qu'une propriété singulière et une propriété commune ne peuvent être également grandes en Dieu. En effet, Dieu le Père, propriété singulière par la génération, est d'une grandeur infinie avec son Fils. Par la même grandeur, le Père et le Fils produisent en commun le Saint-Esprit, sans supériorité ni infériorité, qui ne peuvent être dans la grandeur et dans l'égalité infinie de puissance, d'éternité et de bonté.

19. La puissance de Dieu doit-elle avoir tout ce par quoi elle peut être toute grande de bonté, d'éternité, de sagesse, de volonté, de vertu, de gloire et de vérité ?

— Si la puissance de Dieu avait tout ce par quoi elle peut être toute grande de bonté, d'éternité, etc., Dieu pourrait causer le monde éternel, sans commencement ni fin.

— Voir le dix-neuvième principe. Dieu est aussi puissant par la génération et la spiration que par sa très grande bonté, etc. Dire que la puissance de Dieu pourrait causer le monde éternel, sans commencement ni fin, est contre la bonté, l'infinité, etc. divines, car la puissance de Dieu ne peut causer la bonté, etc., infinie dans le monde. Si elle pouvait causer une durée infinie, elle le pourrait plus en raison de l'éternité plutôt que d'elle-même, en raison de la bonté, de la grandeur, de la sagesse, etc. infinies, ce qui est impossible.

20. La distinction est-elle aussi nécessaire en Dieu que l'acte de la puissance ?

— S'il y avait distinction en Dieu, il distinguerait naturellement son essence, sa bonté, son infinité, son éternité, etc. De son essence il en ferait deux ou plusieurs, comme de sa bonté et de ses autres dignités, ce qui est impossible. Mais il est nécessaire que la puissance en Dieu ait son acte pour qu'il puisse se comprendre et s'aimer lui-même, créer le monde et le gouverner.

— Voir le vingtième principe. Sans distinction, les dignités divines ne pourraient avoir des actes égaux. Dieu ne produirait pas le bien de la bonté, l'infini de l'infinité, l'éternel de l'éternité, etc. Ses dignités resteraient oisives. Comme cette oisiveté est impossible, il est faux de dire que Dieu diviserait son essence, sa bonté et ses autres dignités s'il y avait distinction en lui. Sans distinction de l'essence, de la bonté et des autres dignités, Dieu le Père ne pourrait distinguer son Fils, l'engendrer de lui-même, rester distinct de lui et être avec lui une seule essence, une seule bonté, etc., en engendrant son Fils de lui-même par sa grandeur et son éternité infinies. Il peut donc y avoir distinction en Dieu, sans division de l'essence, de la nature, de la bonté, etc., car l'essence infinie ne peut être divisée en parties infinies ou finies.

4

AU SUJET DE L'ÉGALITÉ EN DIEU

1. Dieu peut-il se faire aussi bon par l'acte de sa bonté qu'il l'est par sa bonté ?

— Dieu ne peut se faire aussi bon par l'acte de sa bonté qu'il l'est par sa bonté, car la bonté et la fin de son acte sont une seule et même essence en Dieu, et lui-même, sa bonté et l'acte de celle-ci ne font qu'un.

— Voir le premier principe du quatrième chapitre. Il est vrai que Dieu, sa bonté et l'acte de celle-ci ne font qu'un, en essence et en nature. Cependant, pour que Dieu soit aussi bon par l'acte de sa bonté qu'il l'est par sa bonté, il doit nécessairement se faire par son agir aussi bon qu'il l'est. Être aussi bon par un agir bon que par sa bonté, cela dit plus qu'être bon par sa bonté seulement ou qu'être meilleur par sa bonté que par un agir bon. Dieu peut donc se faire bon par l'acte de sa bonté. Ainsi, Dieu le Père se fait bon en produisant le Fils bon. De même, Dieu le Père et Dieu le Fils se font bons en produisant le Saint-Esprit bon. Cet acte de la bonté ne pourrait s'accomplir en Dieu sans la génération et la spiration des personnes divines.

2. Dieu infini peut-il lui-même se faire grand ?

— Dieu ne peut se faire grand lui-même. S'il le pouvait, il ne serait pas infini, de même qu'il ne serait pas éternel s'il pouvait se rendre éternel, et qu'il ne serait pas tout-puissant s'il pouvait se rendre puissant.

— Voir le deuxième principe. Il est vrai que Dieu ne peut se faire grand lui-même, car il est d'une grandeur infinie, ou se rendre éternel, etc. si l'on considère son essence et sa nature. Mais, si l'on considère son action intrinsèque, il peut se faire grand en produisant quelqu'un d'aussi grand que lui-même par voie de génération et de spiration. Il doit le faire pour se faire aussi grand par l'acte de sa grandeur qu'il l'est par sa grandeur, car s'il ne le faisait, sa grandeur serait oisive et cette oisiveté serait en lui malice, vice et médiocrité. Être grand par la grandeur et son acte c'est plus qu'être grand par la grandeur sans l'acte.

3. Dieu peut-il en lui-même éterniser une chose, alors que tout ce qui est en lui est éternel ?

— Si Dieu pouvait éterniser quelque chose en lui, il s'éterniserait lui-même, car tout ce que Dieu a en lui est lui-même.

— Voir le troisième principe. Dieu ne peut, certes, rien éterniser en lui, si l'on considère son essence commune. Mais, si l'on considère ses propriétés personnelles, Dieu le Père éternise la génération, et lui et son Fils éternisent la spiration et les actes de leurs dignités.

4. Dieu peut-il accroître sa puissance infinie ?

— L'essence infinie ne peut s'accroître et la puissance infinie de Dieu ne peut s'accroître en elle.

— Voir le quatrième principe. Il est vrai que la puissance de Dieu ne peut s'accroître, si l'on considère son essence. Mais, si l'on considère l'acte de la puissance, celle-ci ne peut l'accomplir sans l'accroissement du nombre des personnes divines, une personne en produisant une autre. Sans cet accroissement, l'acte de la puissance serait vain, aucune fin ni aucune utilité n'en découlant.

5. Dieu, sagesse infinie, peut-il se faire sage ?

— Dieu est sa propre sagesse et sa sagesse est éternelle et infinie. Dieu ne peut donc se faire sage.

— Voir le cinquième principe. Dieu ne peut se faire plus sage qu'il n'est, si l'on considère son essence, mais non si l'on considère son activité intrinsèque. Ainsi, Dieu le Père se fait sage en comprenant ce qu'il fait, lorsqu'il produit son Fils. Dieu ne pourrait avoir cette sagesse si, en le produisant, il ne produisait pas Dieu. De même un homme sage comprend qu'il se fait sage en engendrant un autre homme sage.

6. Dieu, amour infini, peut-il accroître son amour ?

— L'amour infini ne peut être accru, car s'il pouvait l'être, il ne serait pas infini.

— Voir le sixième principe. Il est vrai que Dieu ne peut accroître son amour infini, si l'on considère son essence, non si l'on considère son action, étant donné la noblesse de la fin de son amour. En effet, l'amour ne pourrait avoir une aussi noble fin si, de lui, ne procédait pas la production de l'aimé, sans lequel ne découlerait aucune fin ou utilité de l'amour et par l'amour.

7. Dieu le Père et Dieu le Fils sont-ils également bons ?

— Dieu le Père et Dieu le Fils n'ont pas une bonté égale, car l'agent est plus noble que le patient dans la génération, étant donné que l'action est plus noble que la passion.

— Voir le septième principe. Il est vrai que l'action est plus noble que la passion[1] dans la génération des créatures et des sujets matériels, car la forme est par essence plus noble que la matière. Mais il en va autrement de l'essence de Dieu, dépourvue de matière, pure forme éternellement et infiniment indivise. Dieu le Père, qui est toute l'essence, engendre Dieu le Fils de toute son essence. Et comme essence et bonté sont égales en Dieu, le Fils a toute la bonté divine. Dieu le Père et Dieu le Fils ont donc une égale bonté.

8. Dieu le Père et Dieu le Fils sont-ils également grands ?

— Le Père et le Fils ne peuvent être également grands, car le Père ne donne pas au Fils la puissance d'être le Père, mais conserve sa propriété personnelle paternelle.

— Voir le huitième principe. Dieu le Père n'est pas plus grand que le Fils, car le Fils, en étant le Fils et non le Père, vaut autant que le Père qui est le Père et non le Fils. Une telle égalité des propriétés personnelles est nécessaire dans la grandeur divine, pour que la fin de chaque personne trouve le repos par sa propriété personnelle singulière, repos qu'elle

---

1. Action et passion : deux des catégories d'Aristote. L'action est supérieure à la passion qui la subit, tout comme la forme est supérieure à la matière, parce qu'elle détermine celle-ci.

ne pourrait avoir si chacune voulait être à la fois le Père et le Fils.

9. Le Père et le Fils sont-ils également éternels ?

— Le Père et le Fils ne peuvent être également éternels, étant donné que tout père est chronologiquement et naturellement antérieur à son fils, car en toute génération la nature est mue d'abord par l'agent avant d'être reçue par le patient. Le Fils ne peut donc être aussi éternel que le Père.

— Voir le neuvième principe. Certes, dans la génération la nature est d'abord mue par l'agent avant d'être reçue par le patient, quand il s'agit de la nature créée dans le temps. Mais, s'agissant de la nature éternelle et infinie, le Père engendre son Fils de toute son éternité et de toute son infinité. Aussi ne peut-il y avoir d'antériorité dans cette génération éternelle et infinie.

10. Dieu le Père et Dieu le Fils sont-ils également puissants ?

— Dieu le Père et Dieu le Fils ne peuvent être également puissants, car le Père a un pouvoir sur le Fils qu'il engendre, tandis que le Fils n'a aucun pouvoir sur le Père.

— Voir le dixième principe. Le Fils n'a pas de pouvoir sur le Père, si l'on considère la génération, mais non si l'on considère l'amour. Le Fils peut en effet porter au Père un amour aussi grand, aussi bon, aussi éternel, etc. que le pouvoir que le Père a sur lui par la génération, car son amour est éternel, infini, etc. Et le Fils avec le Père et par le Père, et le Père avec le Fils et par le Fils, tous deux également produisent le Saint-Esprit. Il convient aussi que la passion vaille en Dieu autant que l'action, car action et passion sont permutables dans l'essence éternelle et infinie de la puissance divine[2].

11. Dieu le Père et Dieu le Fils sont-ils également sages ?

— Dieu le Père et Dieu le Fils ne peuvent être également sages, car Dieu le Père se comprend lui-même comme engendrant et comprend le Fils comme engendrable. Et comme l'engendrant est plus actif et plus parfait que l'engendrable, mû vers la fin pour laquelle il est engendré, le Père doit avoir une sagesse supérieure à celle du Fils qui comprend qu'il est engendrable.

— Voir le onzième principe. Certes, chez une créature le Père a plus de sagesse que le Fils et l'engendrant est supérieur à l'engendrable. Mais chez l'être incréé l'engendrant et l'engendrable sont permutables en un seul et même nombre, car la génération d'une nature éternelle et infinie est de même nature. C'est pourquoi le Fils doit être engendrable et engendré pour que l'acte de la génération ne soit pas vain, mais éternel et infini.

12. Dieu le Père et Dieu le Fils se portent-ils un amour égal ?

— Dieu le Père et Dieu le Fils ne peuvent se porter un amour égal, car le Fils doit aimer son Père plus que celui-ci son Fils. Le Père donne en effet au Fils tout ce qu'il a, tandis que le Fils ne donne rien au Père.

— Voir le douzième principe. Il est faux de dire que le Père n'aime pas le Fils autant que celui-ci son Père, parce

2. A la différence de ce qui se passe chez les créatures.

que le Père donne tout ce qu'il a. Par cela même qu'il se donne tout entier au Fils, il l'aime autant que lui-même, car s'il ne l'aimait pas autant, il ne lui donnerait pas toute son essence et tout lui-même.

5

AU SUJET DE LA PRODUCTION
DES PERSONNES DIVINES

1. De et par sont-ils égaux en Dieu ? Dieu, parce qu'il est de lui-même, non dérivé d'un autre, vaut-il autant qu'il vaut par lui-même, parce qu'il est Dieu par lui-même et non créé par un autre ?

— La préposition *de* exprime la matière et la préposition *par* la forme. La forme dit plus de la bonté et de la fin que la matière. Dieu est donc plus noble parce qu'il est par lui-même et non d'un autre ni de lui-même.

— Voir le premier principe tiré du cinquième cercle. Dieu n'est pas plus noble parce qu'il est par lui-même ou de lui-même. Il en est autrement pour la créature, plus noble par sa forme que par sa matière. Comme il n'y a pas de matière dans l'être incréé, qui est seulement forme, l'objection est sans valeur.

*2. Puisque Dieu le Père est de lui-même et par lui-même,
et que le Fils est du Père et par le Père, le Fils est-il égal
au Père ?*

— L'être issu d'un autre et par un autre ne peut avoir
une aussi noble bonté que l'être qui est de lui-même et non
d'un autre.

— Voir le premier principe. L'être issu d'un autre et par
un autre n'est pas l'égal de l'être qui est de lui-même et par
lui-même, s'il s'agit de la créature, non de l'être incréé. Dieu
le Père engendre de lui-même Dieu le Fils et il l'aime autant
que lui-même, lui ayant donné tout. Il engendre le Fils pour
que celui-ci soit le Fils, comme il s'engendre lui-même pour
être le Père. C'est pourquoi le Père et le Fils sont égaux en
raison de ce qu'ils sont et de celui dont ils sont.

*3. Dieu peut-il produire autant de lui-même qu'il est par
lui-même, puisqu'il est de lui-même et non d'un autre ?*

— Comme Dieu est de lui-même et non d'un autre, bien
qu'il soit libre, étant de lui-même et par lui-même, il ne peut
produire un autre de lui, car il n'a pas la nature de produire de lui-même. Si, de soi, il pouvait produire un autre,
il aurait en effet la nature de l'autre.

— Voir le premier principe. Il est faux de dire que Dieu
ne peut produire quelque chose de soi, parce qu'il n'est pas
d'un autre. Son comprendre et son aimer sont de lui, comme
son vouloir est de sa volonté et son savoir de sa sagesse.
Si Dieu ne pouvait rien produire, sa puissance serait liée, si
bien qu'elle ne pourrait rien faire en lui. Tous les actes de
ses dignités seraient liés. Sans production éternelle et infinie, aucune dignité ne pourrait être autant qu'elle est raison
de son acte. Les dignités seraient donc plus grandes et plus
nobles que leurs actes et il y aurait en Dieu supériorité et
infériorité, ce qui est impossible.

4. Dieu le Père peut-il produire Dieu le Fils en lui-même plutôt que de lui-même ?

— Dieu le Père peut produire le Fils en lui-même plutôt que de lui-même, car il ne peut l'engendrer comme un père. En effet, s'il l'engendrait ainsi, le Fils pourrait à son tour être Père. Le Père, essence infinie, peut produire le Fils en lui-même.

— Voir le premier principe. Dire que Dieu le Père ne peut produire le Fils de lui-même, car s'il l'engendrait comme un père, le Fils pourrait à son tour être Père, serait vrai si l'éternité ne faisait que le Fils soit éternellement Fils et non Père, et si la finalité de la génération était un Fils qui soit Père. Mais la finalité de la génération est que le Père soit le Père et que le Fils soit le Fils et non le Père. Si le Père produisait le Fils pour que celui-ci puisse être Père, il ne le produirait pas pour qu'il soit le Fils, mais pour qu'il soit le Père. La finalité de la production du Fils serait meilleure, plus vertueuse, plus aimable et plus glorieuse que la finalité du Père, ce qui est impossible.

5. Dieu est-il de Dieu par ses dignités autant que par sa déité ?

— Dieu est beaucoup plus par sa déité que de Dieu par ses dignités. Par sa finalité et sa concordance propre, Dieu doit en effet être Dieu par sa déité, plutôt que de Dieu.

— Voir le deuxième principe. Dire que Dieu est beaucoup plus Dieu par sa déité que de Dieu serait vrai si Dieu, produit de Dieu, ne l'était pas de toute la déité par laquelle il est Dieu. Ainsi, Dieu le Fils est de toute la déité du Père, puisque le Père l'engendre de toute son essence, de toute sa bonté et de toutes les autres dignités.

6. Dieu le Père et Dieu le Fils peuvent-ils être ensemble, l'un en l'autre, alors que chacun est une personne infinie ?

— Un être infini ne peut être en un autre, sinon il pourrait être infini et fini dans l'éternité, ce qui est impossible. Le Père ne peut donc être dans le Fils ni le Fils dans le Père.

— Voir le troisième principe. S'ils étaient distincts par l'essence, la nature et les dignités, Dieu le Père ne pourrait être dans le Fils ni Dieu le Fils dans le Père. Mais tous deux sont une seule essence, une seule nature et les mêmes dignités.

7. Dieu le Fils est-il Dieu en lui-même ou dans le Père ?

— Le Fils est Fils en lui-même et non dans le Père. S'il était Fils dans le Père et non en lui-même, il serait en dehors de lui-même ce qu'il est en lui-même, ce qui est impossible. Dieu le Fils est donc Dieu lui-même et non dans le Père.

— Voir le troisième principe. Dire que Dieu le Fils n'est pas Dieu dans le Père mais en lui-même serait vrai, si le Père était un Dieu et le Fils un autre Dieu. Mais le Père est Dieu, le Fils est Dieu et tous deux sont un seul Dieu, une seule essence, une seule infinité, une seule bonté, etc. Dieu le Fils est donc dans le Père et en lui-même.

8. La grandeur divine, essence infinie, peut-elle être dans la bonté divine ?

— La grandeur divine ne peut être dans la bonté divine, à moins que celle-ci ne soit plus grande que l'infinité, ce qui est impossible.

— Voir le troisième principe. Il est faux de dire que la grandeur divine ne peut être dans la bonté divine, car toutes deux sont une seule et même essence, chacune existant en l'autre, en raison des actes qu'elles accomplissent dans la génération et la spiration des personnes divines. L'infinir est dans le bonifier parce qu'il est bon par la bonté, comme le bonifier est aussi infini par l'infinir qu'il est éternel par l'éterniser.

9. Si Dieu n'avait pas Dieu, pourrait-il être parfaitement riche ?

— Dieu ne peut avoir Dieu, parce que le propre de Dieu est de s'avoir lui-même, d'être de lui-même et de ne pas être soumis à un autre. Si Dieu avait Dieu, le Dieu qui appartiendrait à l'autre serait fini, et il y aurait deux Dieux, ce qui est impossible. Dieu, bien qu'il n'ait pas Dieu, a donc la perfection par lui-même.

— Voir le troisième principe. Dire que Dieu serait soumis s'il était de Dieu, parce que Dieu aurait Dieu, serait vrai s'il y avait deux Dieux. Mais il n'y a qu'un seul Dieu. Le Père et le Fils sont un seul Dieu. Ils ont par amour le Saint-Esprit qui est avec eux un seul Dieu. Le Saint-Esprit n'est pas pour autant soumis à Dieu. Il faut que Dieu ait Dieu pour avoir un autre lui-même, car on doit pouvoir employer au sujet de l'essence divine et des actes des dignités divines le vocable « avoir » comme le vocable « exister ». Cela doit nécessairement être ainsi pour que ce que Dieu « est » et ce que Dieu « a » soient équivalents et permutables.

10. Les preuves pertinentes des articles de la foi catholi-que peuvent-elles devenir des conclusions nécessaires[1] *?*

— Les articles de la foi ne peuvent être prouvés par des raisons nécessaires[2], car on ne peut démontrer Dieu, du fait qu'il n'a pas de cause au-dessus de lui, puisqu'il est la cause au-dessus de toutes les causes.

— Voir le quatrième principe. Il est vrai qu'on ne peut arriver à des conclusions nécessaires en ce qui concerne les articles de la foi, puisque Dieu n'a pas de cause au-dessus de lui-même. Mais on peut démontrer les articles par équivalence, c'est-à-dire en considérant les actes égaux des dignités. On peut arriver ainsi à des conclusions nécessaires, comme nous en faisons l'expérience dans ce livre où, en partant des principes, nous concluons qu'il y a nécessairement en Dieu production des personnes divines[3].

1. « Les preuves pertinentes » conviennent exactement au problème posé, mais peuvent être réfutées ; « les conclusions nécessaires » ne peuvent pas ne pas être : elles sont donc irréfutables.

2. Lulle parle souvent de « raisons nécessaires ». Il ne s'agit pas pour lui de démontrer ainsi les vérités révélées, mais de fournir des raisons qui montrent la nécessité de ces vérités, comme chez S. ANSELME *(Monologion, Proslogion, Épître sur l'incarnation du Verbe).*

3. La démonstration poursuivie par Lulle se fait par « équivalence », c'est-à-dire par « égalité », comme il le dit à la fin du livre. Cette *Demonstratio per aequiperantiam* sera l'objet d'un ouvrage écrit à Montpellier en 1305 (éd. Corp. Christ. Continuatio Med. 35, Turnhout, 1981).

6

AU SUJET DE L'ÉGALITÉ DES PERSONNES DIVINES

1. Dieu le Père vaut-il plus que Dieu le Fils ?

— Dieu le Père vaut plus que Dieu le Fils, parce qu'il accomplit deux actes, la génération et la spiration, tandis que le Fils n'en accomplit qu'un.

— Voir le premier principe tiré du sixième cercle. Le Père vaudrait plus que le Fils, parce qu'il accomplit la génération et la spiration, tandis que le Fils n'accomplit que la spiration, si le Père n'engendrait pas le Fils de tout son être et de toute sa nature. Mais comme il l'engendre de tout son être et de toute sa nature, il n'a rien par quoi il pourrait valoir plus que le Fils.

2. Le Père et le Fils peuvent-ils avoir un amour aussi grand que leur essence, leur nature, leur bonté, leur grandeur, leur éternité et leurs autres dignités ?

— Les actes seconds ne peuvent être aussi bons et aussi

grands que les actes premiers[1]. Ainsi, l'aimer ne peut être aussi grand que l'amour, sinon la puissance d'amour serait liée et limitée, et l'amour ne serait pas libre d'aimer plus ou moins. Ni le Père ni le Fils ne peuvent donc aimer autant que leur essence, leur nature, leur bonté et leurs autres dignités.

— Voir le premier principe. Les actes seconds ne peuvent être aussi grands que les actes premiers, s'il s'agit des actes créés. Mais il en est autrement des actes incréés : les actes seconds procèdent éternellement et infiniment de tous les actes premiers. Ainsi, l'aimer divin est l'acte de tout l'amour de Dieu, pour qu'en lui la puissance, la bonté et les autres dignités n'aient aucune oisiveté. Sa puissance et sa liberté ne sont pas liées et sa nature est aussi grande par son acte que par son existence, comme nous l'avons montré plus haut[2].

3. Le Saint-Esprit est-il Dieu par lui-même comme le sont le Père et le Fils ?

— Le Saint-Esprit ne peut être Dieu par lui-même comme le sont le Père et le Fils, car il est produit par l'un et par l'autre, alors que ceux-ci ne sont pas produits par lui.

— Voir le premier principe. Il est faux de dire que le Saint-Esprit n'est pas autant Dieu par lui-même que ne le sont le Père et le Fils, parce qu'il est produit par l'un et par l'autre, alors que ceux-ci ne sont pas produits par lui. Du fait que le Saint-Esprit est une seule essence, une seule nature, une seule bonté, etc. avec le Père et le Fils et que ceux-ci le produisent de toute leur essence, de toute leur nature, de toute leur bonté, etc., ils ne peuvent être Dieu plus que le Saint-Esprit.

1. « Actes premiers, actes seconds » : on peut les distinguer chez les créatures, non en Dieu où tout acte est éternel.
2. Voir ci-dessus chap. 2.

4. Y a-t-il une composition de personnes existant l'une en l'autre ?

— Un tout est composé de parties finies existant l'une en l'autre. De même trois personnes composent l'essence divine.

— Voir le deuxième principe. Il est faux de dire qu'il en est des personnes infinies comme des créatures, car la composition suppose quantité, temps et limite. L'essence infinie de personnes infinies ne peut être composée de ces personnes, qui sont sans quantité ni limite, étant infinies, et hors du temps, étant éternelles.

5. « Engendrant » et engendrable sont-ils permutables dans la génération divine ?

— « Engendrant » et « engendrable » ne sont pas permutables dans la génération, car s'ils l'étaient, la génération cesserait et ne cesserait pas, ce qui serait contradictoire. Elle cesserait parce que le Fils serait « engendrant », et ne cesserait pas, parce qu'il serait « engendrable ». Comme il ne peut y avoir de contradiction, l'« engendrant » et l'« engendrable » ne peuvent être permutables l'un en l'autre instantanément dans la génération divine ou en une autre.

— Voir le troisième principe. Il est vrai que l'« engendrant » et l'« engendrable » ne peuvent permuter instantanément l'un en l'autre, car l'instant est de nature temporelle[3], existant indivisible entre un temps et un autre. Mais il n'y a pas d'instant temporel dans l'éternité, car son acte ne consiste pas à passer d'un temps à un autre, mais d'éterniser sans commencement ni fin. L'« éternisant » et l'« éternisable » doivent être permutables pour que cet acte

3. Qui dit instantanéité dit temporalité, ce qui n'est pas en Dieu.. D'où le passage de l'« engendrant »/« engendrable » à « éternisant »/« éternisable ».

s'accomplisse sans commencement ni fin, de l'essence et de la nature de l'éternité.

6. Dieu le Fils a-t-il une autre sagesse que celle du Père ?

— Dans l'essence divine un est le Père, autre est le Fils. Le Fils et sa sagesse sont permutables, le Père et sa sagesse également. Tout comme on distingue les personnes, il faut distinguer les sagesses. Si on distinguait les unes et non les autres, il en résulterait nécessairement que le Fils et sa sagesse ne seraient pas permutables, de même que le Père et sa sagesse, ce qui serait contradictoire.

— Voir le quatrième principe. On n'a pas à distinguer la sagesse du Fils et celle du Père comme on distingue leurs personnes, car le Fils et sa sagesse sont éternellement et infiniment de l'essence et de la sagesse du Père. On ne peut distinguer les deux sagesses : la distinction entre le Père et le Fils est seulement relative, car le Père et le Fils sont nécessairement en relation l'un avec l'autre et se distinguent l'un de l'autre.

7. Doit-on distinguer la bonté engendrée et la bonté inengendrée ?

— On peut distinguer la bonté engendrée et la bonté inengendrée, sinon il ne pourrait y avoir une bonté engendrée et une bonté engendrante.

— Voir le quatrième principe. Il est vrai qu'on peut distinguer la bonté engendrée et la bonté engendrante, pour distinguer la personne engendrée de celle qui l'engendre. Il faut qu'elles soient distinctes. Mais la personne qui engendre est le Père qui engendre le Fils de toute son essence, de toute sa nature et de toute sa bonté. Il faut donc qu'une essence, une nature, une bonté demeurent en lui, sans qu'il y ait plusieurs essences, natures et bontés. Si, en effet, il y en avait plusieurs, l'une d'elles serait nécessairement finie, ce qui est impossible.

8. Dieu le Fils peut-être le Père ?

— La sagesse et la volonté sont permutables en Dieu. La sagesse, la volonté et la puissance divines sont éternellement et infiniment libres et sont Dieu le Fils. Si le Fils voulait être le Père, il pourrait donc l'être, car la puissance peut accomplir tout ce que la volonté peut vouloir et la sagesse savoir.

— Voir le quatrième principe. Il est vrai que la puissance, la sagesse et la volonté sont permutables en Dieu. Mais la volonté ne peut vouloir ce que la sagesse sait être contraire à la bonté, à la vertu, à la vérité, à la gloire et à la fin, car en Dieu les dignités sont égales et ne peuvent s'opposer l'une à l'autre. Comme la volonté irait contre les autres si elle voulait que le Fils soit Père, elle ferait injure au Père, dont la propriété personnelle est parfaite en tant qu'un seul Père suffit dans l'essence divine. Il en est ainsi dans l'univers où un seul soleil, une seule lune, une seule espèce humaine, une seule chaleur, etc. suffisent.

9. Dans l'essence divine, Dieu le Fils désire-t-il être le Fils et non le Père, tout comme le Père désire être le Père et non le Fils ?

— Si Dieu le Fils désirait être le Fils et non le Père autant que Dieu le Père désire être le Père et non le Fils, il se produirait et s'engendrerait lui-même. En effet, Dieu le Père engendre Dieu le Fils et en est le Père parce qu'il désire être le Père et non le Fils. Dieu le Père désire donc être le Père et non le Fils plus que Dieu le Fils n'aime être le Fils et non le Père.

— Voir le cinquième principe. Il est faux de dire que Dieu le Fils s'engendrerait lui-même s'il désirait être le Fils et non le Père autant que le Père désire être le Père, car le Fils désire être le fils de son Père. Il ne peut désirer, et cela ne lui convient pas, être son propre Père. Ainsi l'objection est sans valeur.

10. Dieu le Père ne désire-t-il pas être le Fils autant qu'il désire être le Père ?

— Il est plus noble pour Dieu d'aimer que de ne pas aimer, parce qu'aimer est un acte plus noble que ne pas aimer. Ainsi est-il plus noble pour le Père de désirer être le Père plutôt que de ne pas désirer être le Fils.

— Voir le cinquième principe. Il est faux de dire que pour Dieu aimer est un acte plus noble que ne pas aimer. Dieu le Père désire être le Père et désire que le Fils soit le Fils et non le Père. Pour le Père, désirer que le Fils soit le Fils et non le Père n'est qu'un seul et même acte d'amour, de même que pour la sagesse divine savoir que le Fils est le Fils et savoir qu'il n'est pas le Père sont un seul et même acte.

11. Dieu le Père aimerait-il plus le Fils s'il lui donnait la nature et la propriété d'être le Père, alors qu'il désire qu'il soit le Fils ?

— Celui qui donne une nature double, la filiation et la

paternité, donne plus que celui qui donne une nature seulement.

— Voir le sixième principe. Il est vrai que celui qui donne une nature double donne plus que celui qui donne une nature simple, s'il s'agit de l'homme. En effet, donner au fils la nature d'être fils et père c'est lui donner plus que la nature d'être fils, mais non père. Il en est ainsi parce qu'un seul homme ne peut conserver toutes les perfections que demande l'espèce humaine, supérieure dans son ensemble à un individu. Mais il n'en est pas ainsi de la nature divine, car un seul Père, éternel et infini, suffit pour une paternité unique et un seul Fils suffit pour une filiation unique. Aussi l'objection est-elle sans valeur.

12. Dieu le Fils est-il vraiment plus Fils qu'un fils d'homme ?

— Dieu le Fils ne peut être vraiment Fils comme un fils d'homme. Alors que dans l'espèce humaine l'essence du père est une et celle du fils une autre, Dieu le Père et Dieu le Fils sont une seule essence. Dans l'espèce humaine le père et le fils sont deux hommes différents, tandis que Dieu le Père et Dieu le Fils sont un seul Dieu. Il y a donc une différence entre un père et son fils, mais il n'y en a pas entre Dieu le Père et Dieu le Fils. Un fils d'homme est donc vraiment plus fils que Dieu le Fils.

— Voir le sixième principe. Il est vrai qu'il y a une plus grande différence entre un père et son fils qu'entre Dieu le Père et Dieu le Fils, puisque père et fils diffèrent par leurs essences, le temps, le lieu et d'autres conditions qui ne sont pas en Dieu. Mais Dieu le Père et Dieu le Fils se distinguent par des propriétés personnelles, éternelles et infinies. Dieu est Père par vérité éternelle et infinie, tout comme Dieu le Fils, tandis que l'homme est père par vérité finie, commencée et soutenue dans le temps.

13. La production divine peut-elle être autre que la génération et la spiration ?

— La puissance, la sagesse, la volonté et la liberté sont permutables en Dieu. Dans l'essence divine, la volonté peut donc vouloir et la sagesse savoir une autre production que la génération et la spiration. Cela est nécessaire pour que l'éternité et l'infinité conservent la liberté de puissance, de sagesse et de volonté, qu'elles ne pourraient conserver si la puissance, la sagesse et la volonté étaient forcées seulement par la génération et la spiration.

— Voir le septième principe. Il est vrai que la puissance, la sagesse, la volonté et la liberté sont permutables en Dieu. Mais il est faux de dire qu'elles seraient forcées s'il ne pouvait y avoir en Dieu une production autre que la génération et la spiration, car celles-ci sont naturellement, éternellement et infiniment dans l'essence divine. En raison de leur nature éternelle et infinie, la liberté, la puissance, la sagesse, la volonté ne peuvent être forcées, puisque la génération et la spiration sont elles aussi de la nature de la liberté, de la puissance, de la sagesse et de la volonté.

14. La génération est-elle en Dieu plus noble que la spiration ?

— La génération présente trois aspects : l'un actif, celui du Père qui engendre le Fils ; le deuxième passif, celui du Fils engendré par le Père ; le troisième est la spiration active du Père et du Fils qui produisent le Saint-Esprit. La spiration ne présente que deux aspects passifs pour le Saint-Esprit.

Comme trois disent plus que deux, la génération est nécessairement plus noble et plus importante que la spiration.

— Voir le septième principe. Il est vrai que trois disent plus que deux, quand il s'agit de la créature pour laquelle trois est supérieur à deux. Mais dans le sujet incréé trois ne peut être supérieur à deux. Deux sont en effet éternellement et infiniment en trois, par la bonté éternelle et infinie et par les autres dignités permutables dans les trois personnes, en une seule essence et en une seule nature.

15. La génération est-elle aussi naturelle dans l'essence divine que dans l'essence humaine ?

— Plus de principes naturels concourent à la génération, plus celle-ci est naturelle. A la génération humaine concourent plusieurs natures, les corps célestes[4], des éléments de l'homme et de la femme. Il n'y a que deux propriétés dans la génération divine, la propriété paternelle et la propriété filiale. La génération humaine est donc meilleure et plus naturelle que la génération divine.

— Voir le huitième et le neuvième principe. Il est faux de dire que plus de natures concourent à la génération de l'homme qu'à celle des personnes divines. Il y a en effet plus de dignités en Dieu, éternelles et infinies, et dans une seule d'entre elles il y a plus de nature que dans toutes les créatures qui existent ou dans toutes celles que Dieu pourrait créer.

16. La bonté et la sagesse sont-elles égales dans la génération divine ?

— La sagesse vaut plus que la bonté dans la génération

---

4. Influence des astres sur la génération : la conception et la naissance sont placées sous les influences astrales. Lulle admet l'action particulière du soleil dans ce domaine. Voir son *Traité d'astrologie*, Paris, Stock, 1988.

divine, car Dieu le Père conçoit Dieu le Fils, appelé Verbe, par la nature de son intelligence et non de sa bonté. Mais il aime le Fils parce qu'il est bon.

— Voir le huitième et le neuvième principe. Il serait vrai de dire que produire le Fils par la nature de l'intelligence vaut plus que l'aimer parce qu'il est bon, si la nature de la bonté et de l'amour était finie. Mais comme celle-ci est aussi éternelle et infinie que la nature de l'intelligence, l'objection est sans valeur.

17. Le seul acte de la bonté dans la génération divine vaut-il autant que tous les actes des autres dignités ?

— L'acte d'une seule dignité, auquel est égal tout acte d'une autre dignité, ne peut valoir autant que tous les actes des autres dignités. Les actes des autres dignités valent donc ensemble plus que le seul acte de la bonté dans la génération divine.

— Voir le neuvième principe. Plusieurs actes valent plus qu'un seul, s'il s'agit des créatures, mais non s'il s'agit des dignités divines, permutables entre elles. Comme chaque acte est éternel et infini, les autres ne valent pas plus que lui, car on ne peut rien ajouter à un être éternel et infini.

18. Y a-t-il quelque similitude en Dieu ?

— Il ne peut y avoir de similitude en Dieu, puisque la similitude est un accident[5] et qu'il ne peut y avoir d'accident en Dieu.

5. La similitude est une caractéristique non nécessaire ; elle est donc un accident.

— Voir le dixième principe. Il est vrai qu'il n'y a aucune similitude en Dieu, car s'il y en avait une il y aurait un accident en lui, puisque la similitude est un accident. Cependant certaines similitudes sont substantielles en Dieu, comme le naturant, le naturable et le naturer de la nature divine, l'intelligent, l'intelligible et le comprendre de la sagesse, etc.

19. Dieu pourrait-il être Dieu sans génération et spiration ?

— Dieu peut être Dieu par son essence et sa nature éternelle et infinie. Il peut donc être Dieu sans génération et sans spiration.

— Voir le onzième principe. Il est formellement vrai que Dieu peut être Dieu par son essence et sa nature éternelle et infinie. Mais Dieu ne peut être sans génération et spiration, sans quoi ses dignités seraient oisives, car elles ne se référeraient pas à une fin naturelle et la nature serait oisive. Il en résulterait le mal dans la bonté, la petitesse dans la grandeur, etc. Si Dieu avait en lui un défaut, il manquerait de la perfection sans laquelle il ne serait pas Dieu, car nous considérons Dieu comme un être parfait, sans aucun défaut.

20. Dieu peut-il donner Dieu ?

— Dieu ne peut se donner lui-même, puisqu'il est éternellement et infiniment de lui-même et non d'un autre.

— Voir le douzième principe. Il est vrai que Dieu ne peut se donner lui-même à un autre pour être d'un autre et non de lui-même. Mais si Dieu donne Dieu, comme le Père qui engendre Dieu le Fils, à qui il se donne lui-même en l'engendrant de tout lui-même, il donne Dieu en produisant Dieu le Fils, qui est de lui-même et non soumis à un autre. Il en est de même de Dieu le Père et de Dieu le Fils qui donnent l'être au Saint-Esprit, lequel est Dieu donné par amour.

21. Dieu peut-il donner sa bonté sans bonifier ?

— Dieu ne peut donner sa bonté ni avec ni sans bonifier, car la bonté est une propriété inséparable de Dieu, comme l'éternité et l'infinité.

— Voir le douzième principe. Il est vrai que la bonté est une propriété inséparable de Dieu. Mais, bien que le Père ait le Fils de sa bonté, il ne s'ôte pas sa bonté pour autant, puisqu'il reste avec le Fils une seule bonté, une seule infinité et une seule éternité, en l'engendrant de tout lui-même.

22. Dieu peut-il donner quelque chose à Dieu ?

— Dieu ne peut rien donner à Dieu, car Dieu est un être si parfait qu'il n'a besoin de rien. Si quelque chose lui était donné, c'est que cela lui serait nécessaire.

— Voir le treizième principe. Il est vrai que rien de nécessaire ne peut être donné à Dieu. Mais Dieu donne par génération et spiration. Ainsi, Dieu le Père donne l'être au Fils de sorte que le Fils soit le fils de lui-même.

23. La nature divine a-t-elle un acte ?

— La nature divine ne peut avoir d'acte, car l'acte est le mouvement de la forme tirée temporellement et quantitativement de la puissance à l'acte. Comme Dieu est hors du temps, de la quantité et du mouvement, la nature divine ne peut avoir d'acte.

— Voir le quatorzième principe. Il est vrai qu'il n'y a ni mouvement, ni temps, ni quantité en Dieu. Mais la nature divine doit avoir un acte pour ne pas rester oisive et pour que, en Dieu, exister et agir aient la même valeur.

24. Dieu a-t-il tous les actes de ses dignités dans l'acte de sa nature ?

— Dieu ne peut avoir tous les actes de ses dignités dans l'acte de sa nature, car s'il les avait, il y aurait en lui le bonifier et le magnifier. L'acte de sa nature ne serait donc ni bon ni grand éternellement et infiniment, puisqu'il pourrait être bonifié et magnifié. En effet, le sujet qui peut être bonifié et magnifié ne peut être éternel et infini.

— Voir le quinzième principe. Il est vrai que l'acte de la nature divine ne peut être bonifié ni magnifié, s'agissant de l'essence et de la nature de ce qui doit exister. Mais l'objection ne vaut pas pour la nature de ce qui doit agir et produire naturellement le bien et le grand.

25. Dieu peut-il faire quelque chose avec Dieu ?

— Dieu ne peut rien faire avec Dieu. Tout ce qu'il fait, il le fait par lui-même. S'il pouvait faire quelque chose avec Dieu, le Dieu avec lequel il pourrait le faire serait pour lui un instrument, et il y aurait alors deux Dieux.

— Voir le seizième principe. Il est faux de dire que, si Dieu pouvait faire quelque chose avec Dieu, il y aurait deux Dieux par la génération et la spiration. En effet, Dieu le Père, par sa puissance, peut engendrer Dieu. Cette puissance est Dieu, le Père et sa puissance sont un seul Dieu, de même qu'il est un seul Dieu par sa sagesse et sa volonté. Dieu le Père et Dieu le Fils peuvent produire le Saint-Esprit, et Dieu le Père avec le Saint-Esprit, qui est amour et Dieu, peut s'aimer lui-même et aimer le Fils. Le Père se comprend Dieu le Père avec le Fils, le Fils se comprend Dieu le Fils avec le Père, et le Saint-Esprit s'aime Dieu avec le Père et le Fils.

26. Tous les actes des dignités divines sont-ils égaux dans la génération et la spiration divines ?

— D'après la foi catholique, Dieu le Père engendre Dieu le Fils par son intelligence, et le Père et le Fils produisent le Saint-Esprit par leur amour. Ainsi, comprendre est plus important pour la génération, aimer et plus important pour la spiration, qu'éterniser, bonifier et les autres actes.

— Voir le dix-septième principe. Comprendre n'est pas plus important dans la génération que dans la spiration, aimer n'est pas plus important dans la spiration que dans la génération, etc., car en Dieu un acte ne peut être supérieur à un autre, chacun étant éternel et infini. Le Père, qui comprend tout ce qu'il peut de bon, de grand, d'éternel, etc., produit le Fils par tous les actes de ses dignités, et, comme il aime aussi de la même façon, il produit le Saint-Esprit par amour. Ainsi, puisque tous les actes des dignités sont éternellement et infiniment dans la génération et la spiration, un acte ne peut être supérieur à un autre.

27. La génération et la spiration divines sont-elles plus importantes et plus nobles que les actes des dignités, alors que celles-ci concourent à l'une et à l'autre, la bonté faisant qu'elles soient bonnes, la grandeur faisant qu'elles soient grandes, etc. ?

— Puisque les actes de toutes les dignités concourent à la

génération et à la spiration, celles-ci doivent être la fin et la perfection de ces actes.

— Voir le dix-septième principe. La génération et la spiration seraient plus nobles que les actes des dignités, si elles n'étaient pas de toute l'essence et de toute la nature des dignités et de leurs actes. Mais comme elles sont essentiellement et proprement de toute l'essence et de toute la nature de chacune des dignités, elles ne peuvent avoir de fin plus noble que les dignités elles-mêmes.

28. Dieu est-il nécessaire à toutes les créatures ?

— Dieu a créé le ciel et lui a donné une nature incorruptible, un mouvement pour qu'il se meuve lui-même. C'est pourquoi, après avoir été créé et avoir reçu le pouvoir de subsister et de se mouvoir par lui-même, le ciel n'a nul besoin de recevoir de Dieu une aide ou une influence.

— Voir le dix-septième principe. Il est faux de dire que le ciel n'a nul besoin de Dieu. L'éternité divine pouvait causer un effet égal à elle-même et lui donner la nature de l'éternité, de sorte que le ciel aurait pu se soutenir sans son aide, tout comme elle-même. Mais le ciel ne pouvait recevoir cette nature éternelle, de même qu'il ne peut recevoir la grandeur, la bonté, la puissance infinies, etc.

29. Les actes des dignités divines concourent-ils également à la génération et à la spiration divines ?

— Si les mêmes actes concouraient à la génération et à la spiration divines, la génération serait la spiration et une seule et même personne serait le Fils et le Saint-Esprit.

— Voir le dix-huitième principe. Il est faux de dire que si les mêmes actes des dignités divines concouraient à la génération et à la spiration, celles-ci ne seraient qu'un seul acte. Le Saint-Esprit procède en effet du Père et du Fils, qui sont permutables par essence et nature dans les actes des dignités.

30. Si on ne distinguait pas les personnes dans l'essence divine, la sagesse divine pourrait-elle sans changement compter les actes des dignités et la volonté les aimer ?

— La sagesse et la volonté divines, éternelles et infinies, sont permutables dans la puissance divine. La sagesse peut donc compter et la volonté aimer les actes des dignités divines sans aucun changement, même si on ne distinguait pas les personnes en Dieu.

— Voir le dix-neuvième principe. Il est faux de dire que les actes des dignités pourraient être comptés par la sagesse et aimés par la volonté, si on ne distinguait pas les personnes en Dieu. La sagesse ne pourrait en effet compter l'acte de la bonté, puisque rien n'en découlerait ; la volonté ne pourrait l'aimer, car la bonté est digne d'amour en raison d'une fin. De même, l'acte de la grandeur ne pourrait être si on ne distinguait pas les personnes, et, n'étant pas, ne serait ni aimé ni compris. Il en serait ainsi des autres actes.

31. L'amour que le Saint-Esprit se porte à lui-même est-il un acte personnel ou commun ?

— Le Saint-Esprit et son amour sont permutables. Son amour est donc personnel et non commun.

— Voir le vingtième principe. Il est faux de dire que l'amour que le Saint-Esprit se porte à lui-même est simplement personnel et non commun, car il est à la fois personnel et commun. Il est personnel parce qu'il se porte à lui-même. Il est commun parce que le Saint-Esprit, le Père et le Fils sont permutables, puisqu'ils sont un seul Dieu, une seule essence, une seule nature, qui s'aime soi-même de cet amour que le Saint-Esprit se porte à lui-même. Le Saint-Esprit est en effet un seul Dieu avec le Père et le Fils, et Dieu n'a qu'un amour, commun aux trois personnes divines.

7

AU SUJET DE L'INCARNATION
ET DE LA CRÉATION

1. Les personnes et les dignités divines ont-elles pris une part égale à la création du monde ?

— Le Fils a pris une plus grande part que le Père ou le Saint-Esprit à la création du monde : il s'est fait homme, le Père et le Saint-Esprit non, et la fin éminente de la création est que Dieu le Fils se soit fait homme. La bonté divine a pris une plus grande part à la création que l'éternité divine : le monde a été créé par bonté, puisqu'il est naturellement bon, tandis que l'éternité ne l'a pas causé plus tôt[1]. C'est pourquoi les personnes et les dignités divines n'ont pas pris une part égale à la création du monde.

— Voir le premier principe du septième cercle. Il est faux de dire que le Fils a pris une plus grande part que le Père ou le Saint-Esprit à la création du monde, car le Fils a été fait homme pour rendre principalement gloire et louange à la Trinité divine, la faire connaître et aimer, chaque personne étant égale aux autres en bonté, infinité, éternité, etc. Il est

1. Le monde aurait pu être créé de toute éternité.

faux aussi de dire que la bonté divine a pris une plus grande part que l'éternité à la création du monde, car la bonté divine cause une bonté finie et limitée, non infinie.

2. La bonté divine est-elle cause et raison de la bonté du monde autant que l'éternité divine de son gouvernement ?

— D'après ceux qui croient que le monde est éviternel et qu'il aura une fin quand la génération, la corruption et le mouvement cesseront naturellement ici-bas, l'éternité le gouvernera plus que la bonté ne le bonifiera, car le bien cessera après la fin du monde, mais le monde demeurera perpétuellement.

— Voir le deuxième principe. Il est faux de dire que l'éternité a plus d'influence sur le monde que la bonté, car le monde sera bon éviternellement et le bien sera la finalité du monde dans une autre vie. Toutefois cette autre vie ne pourrait exister si la vie ici-bas durait perpétuellement, car la résurrection ne pourrait avoir lieu.

3. Dieu s'est-il incarné ?

— Dieu ne s'est pas incarné et ne peut s'incarner, car une même personne ne peut être d'essence infinie et d'essence finie.

— Voir le troisième principe. Il est vrai qu'une même personne ne peut être d'essence infinie et d'essence finie, si l'on considère la nature des deux essences et leurs conditions naturelles. Mais, d'après ce qui a été signifié par le principe ci-dessus, une même personne peut être d'essence infinie et d'essence finie, car les deux essences peuvent avoir pour fin une même personne, si la volonté divine, dont le pouvoir est infini, le veut, si la bonté divine et les autres dignités y consentent, ce que personne ne peut contredire.

4. Faut-il que tout ce par quoi les dignités divines peuvent s'accorder dans la création soit donné à celle-ci ?

— Si tout ce par quoi les dignités divines peuvent s'accorder dans la création devait se trouver en elle, le monde serait éternel, car les dignités divines y causeraient la bonté, la grandeur, etc. les plus durables, ce qu'elles ne font pas si le monde est créé de rien. Puisque le monde est créé de rien et que les dignités divines s'accorderaient mieux en lui s'il était éternel, tout ce par quoi elles pourraient s'accorder n'a pas été posé en lui.

— Voir le quatrième principe. Si le monde était éternel, les dignités divines ne s'accorderaient pas mieux que s'il a été créé de rien. Si, en effet, le monde était éternel, seule l'éternité créerait la durée infinie et aucune autre dignité n'accomplirait son acte. Ainsi le monde ne pourrait avoir une bonté, une grandeur, une puissance, etc. infinies, tout en ayant une durée infinie. Il en résulterait une discordance entre les autres dignités et l'éternité, qui serait une cause plus efficace que les autres.

5. Dieu a-t-il créé l'homme pour être honoré par lui, ou pour que l'homme ait gloire et honneur ?

— Dieu est totalement parfait et n'a nul besoin d'honneur, tandis que l'homme ne peut avoir gloire et honneur sans Dieu. C'est pourquoi Dieu a créé l'homme pour que celui-ci ait gloire et honneur.

— Voir le cinquième principe. Il est vrai que Dieu est parfait et qu'il n'a nul besoin d'honneur, si on le considère en lui-même. Mais comme c'est une fin plus importante, meilleure et plus noble de créer l'homme pour qu'il honore, aime et serve Dieu plutôt que pour qu'il ait gloire et honneur, les dignités divines ont tendu vers cette fin éminente.

6. Quel peuple peut louer et aimer le plus la bonté divine ?

— Le peuple qui croit que Dieu n'a pu, sans l'Incarnation, bien disposer et ordonner le monde, ne peut louer et aimer Dieu autant que celui qui croit que Dieu a bien disposé et ordonné le monde sans aucune aide.

— Voir le cinquième principe. On pourrait dire que le peuple qui professe et croit que Dieu n'aurait pu, sans l'Incarnation, bien disposer et ordonner le monde, ne pourrait louer la bonté divine autant que le peuple qui ne croit pas à l'Incarnation, si le peuple chrétien professait et croyait que Dieu ne pouvait de lui-même et par sa bonté disposer et ordonner le monde. Mais le monde est par lui-même imparfait et il a besoin d'être, par l'Incarnation, mieux ordonné, meilleur, plus grand, ce qu'il ne pourrait être sans elle. En effet, par l'Incarnation, les dignités divines peuvent mieux agir sur lui et lui donner une fin plus noble que sans l'Incarnation.

7. Dieu pourrait-il créer ou a-t-il créé une fin seconde qui serait la fin de la création ?

— Dieu, cause première, ne peut créer une cause seconde qui serait la cause de la création, car la cause première et la cause seconde ne peuvent valoir également comme seule et même fin[2].

---

2. La cause première c'est aussi la cause finale, l'alpha et l'oméga.

— Voir le cinquième principe. Il est vrai que la cause première et la cause seconde ne peuvent valoir comme seule et même fin de la création. Cependant, Dieu, en s'incarnant, a pu créer une fin seconde, c'est-à-dire la nature humaine, fin de la création. En effet, bien que la cause première soit seconde par l'Incarnation [3], Dieu a tant exalté l'humanité qu'il a assumée, qu'il en a fait la fin de la création. Dieu a voulu que l'Incarnation soit la cause et la fin surnaturelle de la création et de la nature, grâce à quoi il communie naturellement avec toutes les créatures.

8. Par quoi Dieu peut-il aimer le plus l'homme ?

— Dieu peut aimer le plus l'homme en voulant le sauver et le glorifier perpétuellement.

— Voir le cinquième principe. Dieu manifeste un amour beaucoup plus grand pour l'homme en voulant être homme plutôt qu'en lui donnant la création et en voulant le sauver perpétuellement. C'est en effet un plus grand honneur et un plus grand avantage pour l'homme d'être Dieu que d'être sauvé ou d'être le maître de la création.

9. Les dignités divines pourrait-elles être en repos dans la création si Dieu ne s'était pas incarné ?

— Les dignités divines sont bonnes par leur bonté, infinies par leur grandeur, éternelles par leur éternité, etc. Aussi n'ont-elles nul besoin que Dieu se soit incarné. Dieu, par ses propres dignités, a assez de ses actes parfaits dans la création.

— Voir le cinquième principe. Il est vrai que les dignités divines sont bonnes par leur bonté, etc. Cependant, Dieu ne

---

3. Par l'Incarnation, la cause première est aussi cause seconde.

pourrait accomplir des actes parfaits dans la création s'il n'avait pas un effet parfait, capable de recevoir et de soutenir les actes parfaits des dignités divines. Cet effet doit être si bon, etc. qu'il ne peut en être de meilleur, etc. et il doit être uni à la déité dans l'unité de personne.

10. Dieu peut-il recevoir plusieurs natures humaines et être plusieurs hommes ?

— La puissance, la sagesse, la volonté, la bonté, etc. divines sont d'une grandeur infinie qu'elles ne pourraient avoir si Dieu pouvait être un seul homme et non plusieurs. Cet homme ne pourrait avoir en effet la puissance, la bonté et les autres dignités de Dieu.

— Voir le sixième principe. Il est vrai que Dieu pourrait assumer plusieurs natures humaines, par sa puissance et sa bonté absolues. Mais il n'en découlerait pas des actes parfaits, car les unités divines, c'est-à-dire les dignités, ne suffiraient pas à plusieurs individus et ne pourraient faire un individu parfait capable d'assumer l'humanité. Si un individu ne suffisait pas, une infinité d'individus ne suffirait pas non plus, chacun étant imparfait. De même si un seul Fils ne suffisait pas à Dieu le Père et s'il en engendrait un autre, celui-ci serait aussi imparfait que le premier, et ainsi indéfiniment. Une seule Incarnation du Fils de Dieu suffit donc, une seule filiation, comme une seule spiration.

11. Dieu pouvait-il assumer la nature angélique s'il n'avait pas assumé la nature humaine ?

— La nature de l'ange est beaucoup plus noble que la nature humaine. La bonté divine et les autres dignités ressemblent plus à une nature noble qu'à une autre. Dieu pouvait donc assumer la nature angélique s'il n'avait pas assumé la nature humaine.

— Voir le sixième principe. Il est vrai que l'ange a une nature plus noble que l'homme. Mais, par l'intermédiaire de l'ange, Dieu ne pourrait communier avec les créatures, alors qu'il communie naturellement avec elles en s'étant fait homme. Il peut exalter ainsi la création, qui est son effet, plus que par l'intermédiaire de la nature angélique.

12. *Le monde a-t-il été créé pour la fin la plus haute et la plus noble ?*

— Si le monde avait été créé pour la fin la plus haute et la plus noble, la puissance divine serait épuisée et anéantie. Il en serait de même de la bonté divine et des autres dignités, ce qui est impossible. Le monde n'a donc pas été créé pour la plus haute fin possible.

— Voir le septième principe. Il est faux de dire que, si Dieu avait créé le monde pour la fin la plus haute et la plus noble, sa puissance et sa bonté seraient épuisées et anéanties. La fin de la création est l'Incarnation de Dieu. Cette fin, œuvre des dignités divines, est si haute qu'elle ne peut être surpassée. Que Dieu soit homme et qu'il communie ainsi naturellement avec toutes les créatures est en effet la fin la plus éminente.

13. *Dieu s'est-il fait homme par la conception du Saint-Esprit ?*

— Le Saint-Esprit ne devait pas intervenir dans l'Incarnation. La seule personne du Fils suffisait à s'incarner, car celui-ci a une puissance infinie qu'il n'aurait pas s'il avait besoin de l'aide du Saint-Esprit.

— Voir le septième principe. Il est vrai que le Fils pouvait, grâce à sa puissance absolue, s'incarner lui-même, sans l'intervention du Saint-Esprit. Mais, selon l'ordre des personnes divines, le Père a, par la génération, transmis au Fils ce qu'il fallait pour l'Incarnation, et le Saint-Esprit, qui est amour et flamme, devait inspirer Notre-Dame pour la faire participer à l'Incarnation. C'est selon un tel ordre que l'Incarnation s'est accomplie.

14. Une vierge pouvait-elle concevoir et mettre au monde un fils tout en restant vierge ?

— Aucun fils ne peut être vraiment fils sans les principes naturels de la conception, car nul acte naturel ne peut se faire en dehors d'eux. Aucune femme ne peut donc concevoir un fils et le mettre au monde sans s'unir à un homme et sans être altérée.

— Voir le septième principe. Il est vrai que, dans la nature, aucun acte ne peut s'accomplir en dehors de principes naturels. Mais Dieu a créé la nature d'une manière surnaturelle, en créant le monde de rien. Il a disposé celui-ci, il le gouverne, le soutient surnaturellement et lui donne une existence naturelle. De même, il a assumé surnaturellement la nature humaine. Il a pris la nature d'homme, avec un corps et une âme, dont l'homme est naturellement composé.

15. Y aura-t-il une résurrection générale ?

— La résurrection générale ne pourra avoir lieu : elle est impossible. En effet, le nombre d'hommes disparus est infini. Ainsi, un poisson mange un homme et le transforme en son espèce. Ce poisson est mangé par un autre, celui-ci par un autre homme, cet homme par un troisième poisson, lui-même mangé par un troisième homme, etc., jusqu'à la fin du monde. Le premier homme a disparu en tant qu'homme, ainsi que les suivants. Par suite de ces disparitions, la résurrection générale ne pourra avoir lieu.

— Voir le huitième principe. Nombre de corps humains disparaissent en effet selon l'ordre naturel, mais non selon la sagesse divine qui peut compter l'essence de chaque homme, car son intelligence est infinie. De même, l'éternité divine ne peut gouverner l'homme et le perpétuer, bien que celui-ci passe par plusieurs transformations. Il en est ainsi de l'argent qui peut prendre la forme d'un hanap, d'une écuelle ou d'un denier, tout en restant le même argent.

16. Dieu ne peut-il être remémoré, compris et aimé davantage ?

— Si Dieu pouvait être remémoré, compris et aimé davantage, il pourrait créer une créature qui se souviendrait de lui, le comprendrait et l'aimerait comme lui-même se remémore, se comprend et s'aime. Cette créature pourrait donc se souvenir de Dieu, le comprendre et l'aimer infiniment, comme Dieu se remémore, se comprend et s'aime. Comme Dieu seul a des actes infinis, une créature ne peut se souvenir de lui, le comprendre et l'aimer davantage.

— Voir le neuvième principe. Il est vrai qu'aucune créature ne peut avoir des actes infinis. Cependant il faut que la créature puisse se souvenir de Dieu, le comprendre et l'aimer davantage par des actes finis, sinon Dieu aurait une puissance, une bonté, une grandeur imparfaites, en opposition à sa mémorabilité, à son amabilité et à son intelligibilité bonnes et grandes, ce qui est impossible.

17. Dieu a-t-il créé un sujet[4] *pour qu'on puisse avoir en lui une foi, une espérance et une charité plus grandes ?*

— Dieu n'a pas à créer un sujet pour qu'on puisse avoir en lui une foi, une espérance et une charité plus grandes, car on peut les avoir aussi grandes sans intermédiaire.

— Voir le neuvième principe. Si l'on considère uniquement Dieu, il n'a pas à créer un sujet pour qu'on ait une foi, une espérance et une charité plus grandes. Mais la créature demande à être aidée pour se souvenir de Dieu, le comprendre et l'aimer davantage. Ainsi, le chrétien qui croit en la divine Trinité et en l'Incarnation peut avoir une foi plus grande que le Juif ou le Sarrasin, qui ne croient pas en un sujet de Dieu. De même, le chrétien qui croit que Dieu a voulu être homme et mourir pour sauver l'homme peut avoir en Dieu une espérance et une charité plus grandes que le non-chrétien.

18. Le Christ est-il mort de mort naturelle ?

— La nature divine et la nature humaine étaient si fortement unies en Jésus-Christ que la mort ni aucune créature ne pouvait disjoindre ni diviser les deux natures, unies par un amour et une puissance plus forts que tous les amours et toutes les puissances des créatures.

— Voir le neuvième principe. Il est vrai que ni la mort ni aucune créature ne pouvait disjoindre ou diviser l'union de la nature divine et de la nature humaine de Jésus-Christ. Mais Jésus-Christ a voulu mourir pour racheter son peuple, comme nous l'avons prouvé dans le *Livre des articles de la*

---

4. Voir *Principes*, chap. 7, note 1. Jésus-Christ est de nouveau désigné comme sujet, avant de l'être comme suppôt aux questions 4, 5, 7 et 8 du chap. 11.

foi catholique[5]. Il a voulu mourir pour que les hommes aient en lui l'espérance et la charité les plus grandes.

19. *Jésus-Christ est-il ressuscité d'entre les morts ?*

— Le Christ ne devait pas ressusciter d'entre les morts, car la présence de son corps n'était d'aucune utilité dans le ciel empyrée[6]. En effet, au paradis il n'y a pas d'yeux corporels pour le voir, d'oreilles pour l'entendre, de bouche pour lui parler.

— Voir le neuvième principe. Dire que Jésus-Christ n'est pas ressuscité d'entre les morts parce que son corps n'était d'aucune utilité dans le ciel empyrée où aucun corps ne peut le voir, l'entendre ou lui parler, ne prouve pas qu'il n'est pas ressuscité. Il devait ressusciter et monter au ciel pour ne pas faire injure à son propre corps en le privant de glorification, puisqu'il n'avait en lui aucune faute, mais le mérite de sa résurrection.

20. *La création devrait-elle être plus obéissante à Dieu ?*

— Si la création était plus obéissante envers Dieu, il pourrait faire de la nature de l'homme et de la nature de l'âne un seul et même animal, et d'autres choses semblables.

— Voir le dixième principe. Il est faux de dire que si la création était plus obéissante à Dieu, Dieu pourrait faire de la nature de l'homme et de celle de l'âne un seul et même animal. La nature ne pourrait le supporter selon le lieu, la figure, la disposition, l'action, la situation et la quantité, car

---

5. *Libre dels articles* ou *Liber de quatuordecim articulis sacrosanctae romanae catholicae fidei* : texte catalan inédit ; texte latin publié à Mayence, 1722.
6. L'empyrée, dernière sphère céleste, séjour de Dieu, est reconnu seulement par les théologiens.

l'homme parfait[7] ne pourrait avoir un corps parfait s'il était uni au corps d'un âne. Il en est de même des facultés corporelles[8] de l'homme, facultés générative, nutritive, appétitive, imaginative, etc., et des facultés de l'âme rationnelle.

21. L'homme peut-il aimer les vertus et haïr les vices ?

— Quelqu'un croit à la bonté et à la vertu d'un autre, méchant et vicieux. Le croyant bon, il l'aime, alors qu'il ne l'aimerait pas s'il le savait vicieux et méchant. Si la réponse à la question était affirmative, ce qui est vrai serait donc faux et ce qui est faux serait vrai, ce qui est impossible.

— Voir le onzième principe. Il est faux de dire que si la réponse à la question était affirmative, ce qui est vrai serait faux et ce qui est faux serait vrai. Cette réponse ne tient pas compte de la réalité, mais pèche par ignorance. La question doit être posée en connaissance de cause : un homme sait que quelqu'un l'aime et qu'un autre ne l'aime pas. Il doit aimer l'un et ne doit pas aimer l'autre.

22. Le peuple chrétien est-il, plus qu'un autre peuple, obligé de servir, d'aimer, de comprendre Dieu et de se souvenir de lui ?

— Nul peuple n'est aussi peu obligé envers Dieu que le peuple chrétien, qui croit qu'il y a plusieurs personnes dans l'essence divine, que Dieu s'est fait homme, qu'il était mortel, qu'il mangeait, buvait, dormait et remplissait les autres conditions de l'homme.

---

7. L'homme parfait c'est Jésus-Christ.
8. Facultés corporelles, facultés rationnelles : l'imagination est comptée parmi les premières. Voir Principes, chap. 1, note 1.

— Voir le douzième principe. Il est faux de dire qu'aucun peuple n'est aussi peu obligé d'aimer Dieu que le peuple chrétien, parce que celui-ci croit qu'il y a plusieurs personnes dans l'essence divine et que Dieu s'est fait homme. Chaque personne divine est en effet infinie et toutes trois sont un seul Dieu, une seule essence divine. C'est par l'humanité de Jésus-Christ que Dieu communie naturellement avec chacun de nous. Dieu, en tant qu'homme, a voulu mourir pour racheter le genre humain. Du fait que Dieu a en lui unité et pluralité, il peut être un objet de compréhension et de croyance plus parfait que s'il était seulement un, car, sans sa pluralité, l'intelligence humaine ne pourrait connaître l'opération qu'il réalise parfaitement en lui. De plus, du fait que Dieu s'est fait homme, l'humanité ne lui a donné aucune imperfection ni aucune inclination au changement. Ainsi, l'immutabilité de Dieu, son éternité, sa bonté, sa puissance, etc. sont mieux signifiées que s'il ne s'était pas incarné.

23. Quel peuple peut dire le plus de bien de Dieu ?

— Nul peuple ne peut dire autant de bien de Dieu que celui qui ne lui attribue ni égal ni allié, qui croit qu'il est le seul maître de la création.

— Voir le treizième principe. Il est vrai que le peuple qui peut dire le plus de bien de Dieu est celui qui déclare qu'il est unique, sans égal ni allié. C'est ce que croit et affirme le peuple chrétien, qui déclare que Dieu est un, bien qu'il soit trine et incarné, ce qui ne signifie pas qu'il ait un égal ou un allié. Le peuple chrétien dit tant de bien de l'essence divine et de son œuvre qu'aucun autre peuple n'en dit ou n'en croit autant.

24. La façon dont Dieu peut communier le mieux avec les hommes est-elle la plus digne d'amour ?

— Si la façon dont Dieu peut communier le mieux avec les hommes était la plus digne d'amour, Dieu les aimerait tant qu'il ne pourrait les aimer plus, il les ferait si bons qu'ils ne pourraient être meilleurs, il les sauverait tous et accorderait à tous son pardon.

— Voir le quatorzième principe. Ce dont il est question est l'Incarnation et le sacrement de l'eucharistie. Ce qui vient d'être dit est sans intérêt : ce n'est pas une réponse à la question.

25. Dieu peut-il, par l'Incarnation, causer chez la créature une bonté plus grande que celle qu'il cause par la création ?

— La bonté que Dieu cause naturellement chez la créature est la qualité propre de celle-ci, tandis que la bonté que la créature reçoit par l'Incarnation est une qualité appropriée[9]. Comme la qualité propre est supérieure à la qualité appropriée, Dieu ne peut, en s'unissant à la créature, causer une bonté plus grande que la bonté propre de la créature.

— Voir le quinzième principe. Dire que la qualité propre est supérieure à la qualité appropriée est vrai en un certain sens. Ainsi, l'humidité est plus utile à l'air que la chaleur du feu, qui est pour lui une qualité appropriée. Mais l'intelligence humaine, lorsqu'elle comprend Dieu, la volonté, lorsqu'elle aime Dieu, ont une bonté plus noble que leur bonté propre et naturelle. De même et incomparablement

---

9. Chez la créature et en particulier chez les éléments, la propriété appropriée est effectivement inférieure à la propriété propre. C'est l'inverse qui se produit en Jésus-Christ où la nature humaine unie à la nature divine est supérieure à la seule nature humaine.

mieux, la bonté de la nature humaine de Jésus-Christ unie à la nature divine est supérieure à sa bonté propre et naturelle.

26. La création a-t-elle une bonté égale à sa fin ?

— La fin propre de la création est d'être l'effet dont Dieu est la cause. Cependant, le monde a intérêt à être lui-même plutôt qu'un effet, et Dieu n'a nul besoin d'être la cause du monde ni que le monde soit, puisqu'il est par lui-même absolument parfait. La bonté de la création est donc supérieure et plus noble que sa fin.

— Voir le seizième principe. Il est vrai que Dieu n'a nul besoin que le monde soit son effet, puisque lui-même est absolument parfait. Mais la fin pour laquelle le monde a été créé est que Dieu soit remémoré, connu et aimé par la mémoire, l'intelligence et l'amour les plus grands, les plus nobles et les plus vertueux. Les dignités divines demandent en effet pour la création la fin la plus élevée. Cette fin est plus éminente par l'Incarnation et l'union de la nature divine et de la nature humaine. Si l'homme n'était pas Dieu, il ne pourrait y avoir une mémoire, une intelligence et un amour aussi bons, aussi nobles, aussi vertueux envers Dieu, fin ultime de la création, fin supérieure à toute la bonté de la création.

27. Dieu peut-il disposer de la créature sans intermédiaire plus qu'avec intermédiaire ?

— Dieu peut disposer de la créature avec intermédiaire plus que sans intermédiaire, car il ne peut faire quelque chose de la créature qu'avec une autre créature. Ainsi, grâce au mouvement qu'il donne au ciel, Dieu meut les corps ici-bas par la génération et la corruption, ce qui ne pourrait se faire s'il ne mouvait pas le ciel.

— Voir le dix-septième principe. Il est faux de dire que Dieu ne peut rien faire de la créature sans intermédiaire. Par la mise en œuvre de sa puissance, de sa sagesse et de sa volonté, Dieu meut le ciel sans intermédiaire. Dieu a voulu que le ciel se meuve, sa puissance a réalisé ce que sa volonté a voulu et ce que sa sagesse a compris. La volonté divine cause le mouvement du ciel plus que celui-ci ne cause les mouvements des corps ici-bas[10], car la cause première est infinie, tandis que la cause seconde est finie.

28. Dieu comprend-il autre chose que lui-même ?

— Dieu ne peut comprendre autre chose que lui-même, car avant que le monde ne soit, ni quelque chose d'autre, Dieu n'a compris que lui-même. S'il comprenait maintenant autre chose que lui-même, son intelligence aurait changé, car il comprendrait maintenant ce qu'il ne comprenait pas auparavant. Son intelligence ne serait donc pas éternelle.

— Voir le dix-huitième principe. La nouveauté du monde est un très bon exemple de la puissance et de l'éternité de l'intelligence divine. Dieu comprend, sans changement en lui-même, que le monde et ses parties existent. L'éternité conserve l'immutabilité de son intellection, comme elle conserve sa volonté, sa bonté, sa puissance et ses autres dignités. Elle conserve l'intelligence de Dieu en elle-même et dans sa conversion en la puissance, la volonté, la bonté et les autres

---

10. L'influence du ciel est tout relative ici-bas. Certes, Lulle admet l'influence des astres sur la génération et la conception (voir ci-dessus chap. 6, note 4), parce que celles-ci sont des phénomènes purement naturels. En revanche, il ne leur reconnaît pas une influence sur les actions libres des hommes. Aussi, dit-il dans l'*Arbre de science* (IX, V, 4) que les notions de chance et de malchance n'ont aucun sens pour la science. Voir également *Traité d'astrologie*, IV, 2 (*éd. citée*, p. 194-197).

dignités divines. Il est faux de dire que Dieu ne comprend que lui, car cela implique contradiction : si Dieu ne comprenait pas le monde et ses parties, il ne l'aurait pas créé et ne le maintiendrait pas. Il en serait la cause sans le comprendre, sans le vouloir, et n'en serait pas la cause, ce qui est impossible. Il ne rétribuerait pas le bien, mais, comme il est juste, il le rétribue. Il aurait une intelligence finie et infinie, ce qui est impossible.

29. Après la résurrection, les hommes auront-ils au paradis des femmes et des aliments pour entretenir leurs corps ?

— Le plaisir corporel réside en objets agréables aux sens, comme, par exemple, voir de belles choses, dire des paroles aimables, se nourrir d'aliments savoureux, avoir commerce avec des femmes, dormir dans des lits moelleux, avoir de beaux vêtements, des maisons, des honneurs. Sans ces plaisirs, les saints ne pourraient être rétribués des peines qu'ils ont souffertes en ce monde pour l'amour de Dieu.

— Voir le dix-neuvième principe. Il est faux de dire que ces plaisirs doivent exister au paradis. En particulier, pas de relations avec les femmes, car pas de procréation, fin des relations charnelles, plus que le plaisir : la cause principale manquant, la fin seconde manque nécessairement. Il en est de même des aliments, des vêtements, des lits, du sommeil, car toutes ces choses ont pour but de soutenir le corps humain, corruptible et mortel en cette vie, et qui, sans elles, ne vivrait pas. Nulle corruption au paradis. Les aliments, les vêtements, etc. y sont superflus, et ce serait un vice pour Dieu de les y supporter. Si les corps des saints étaient rétribués par des aliments et autres délices, leur plaisir serait leur fin et les corps n'auraient pas pour rétribution la fin qui est en Dieu, ce qui est impossible : c'est pour cette fin que les créatures ont été créées. Chaque créature aurait principalement sa fin en elle-même plutôt qu'en Dieu, en qui les corps et les âmes des hommes ont leur fin, comme cela a été expliqué.

30. *Quelle plus grande peine les damnés peuvent-ils subir en enfer ?*

— La plus grande peine que les damnés peuvent subir en enfer est d'être dans un feu perpétuel.

— Voir le vingtième principe. Il est faux de dire que la plus grande peine de l'enfer est le feu, car la peine de l'âme est plus grande que celle du corps. En effet, l'âme est plus noble que le corps et Dieu doit lui faire subir une peine plus grande, car, plus que le corps, elle l'a offensé en cette vie. La plus grande peine que puisse subir l'âme consistera en ce que tous ses principes naturels seront privés de leur fin. Ainsi, la volonté désirera toujours ce que son intelligence saura ne jamais obtenir, et le savoir sera pour la volonté une peine plus grande que le feu pour le corps. L'intelligence connaîtra la peine la plus grande en comprenant qu'elle aurait pu avoir Dieu éternellement et qu'elle ne l'aura jamais : elle saura qu'elle désirera toujours ce qu'elle n'obtiendra jamais. Il en sera de même de la mémoire. Ainsi, la peine que les damnés subiront par la privation de leur fin ne peut être évaluée en cette vie.

8

AU SUJET DES SACREMENTS

Au sujet du mariage

1. Qu'est-ce que le mariage ?

— Le mariage est le consentement verbal qu'échangent l'homme et la femme en vue de leur union charnelle.

— Voir le premier principe du mariage. Le mariage n'est pas le consentement verbal que l'homme et la femme échangent en vue de leur union charnelle. Il est bien plus la condition infusée par Dieu, exprimée par les paroles et l'accord spirituel de l'homme et de la femme qui consentent à s'unir charnellement pour servir Dieu.

2. *Entre quelles personnes y a-t-il communauté de biens ?*

— Les biens temporels appartiennent en commun au père et à son fils.

— Voir le deuxième principe. Le père et le fils n'ont pas, plus que le mari et la femme, les biens temporels en com-

mun, car le père et la mère sont unis pour procréer et éle-
ver plusieurs enfants.

3. Quel est l'amour le plus naturel ici-bas ?

— L'amour le plus naturel ici-bas est celui que se portent
le père et le fils.
— Voir le troisième principe. Il est faux de dire que l'amour
le plus naturel ici-bas est celui que se portent le père et le fils,
car le fils est procréé et élevé par le père et la mère. En revanche, le père et la mère sont des personnes semblables, propres à un seul amour et à leur union charnelle.

4. Entre quelles personnes peut-il y avoir un plus grand accord ici-bas ?

— Il ne peut y avoir d'accord meilleur et plus nécessaire
que celui du prince et de son peuple. Plus nécessaire, il n'en
est que plus fort.
— Voir le quatrième principe. Il est moralement vrai que
l'amour du prince et de son peuple peut se traduire par un
accord plus grand qu'entre d'autres personnes. Ce n'est
cependant pas conforme à la nature, car l'accord du mari
et de son épouse est plus naturel que celui du prince et de
son peuple.

5. Pourquoi le mariage existe-t-il ?

— Le mariage existe pour qu'une femme[1] ne soit pas
une cause de guerre ou de discorde entre plusieurs hommes.

---

1. Lulle parle de femme « commune » à plusieurs hommes.

— Voir le cinquième principe. La fin du mariage peut être qu'une femme ne soit pas une cause de discorde entre plusieurs hommes. Cependant d'autres fins sont plus importantes, comme il a été dit au cinquième principe.

6. Le mari qui use de son épouse contre l'ordre du mariage est-il luxurieux ?

— La luxure ne peut se manifester entre mari et femme.
— Voir le sixième principe. Tout homme qui désire une femme hors du mariage est luxurieux et tout homme qui approche de sa femme contre l'ordre du mariage est luxurieux.

7. Un mari peut-il être plus luxurieux avec son épouse qu'avec une autre femme ?

— Le mariage est le remède à la luxure entre le mari et la femme, mais il n'y a pas de remède à la luxure entre l'homme et la femme non liés par le mariage. C'est pourquoi nul homme ne peut être aussi luxurieux avec sa femme qu'avec une autre.
— Voir le septième principe. Il est vrai que le mariage est le remède à la luxure entre le mari et la femme, et qu'il n'y a pas de remède pour l'homme et la femme non unis par le mariage. Cependant, le mari peut fortuitement user de sa femme contre l'ordre du mariage et le mariage ne peut alors être un remède. L'habitude de la chasteté se perdrait et sa perte serait plus grave que le manque de chasteté entre deux personnes non mariées.

8. Dieu aime la vertu et réprouve le péché. Peut-il vou-

loir que l'enfant illégitime ne soit pas procréé, pour que son
père et sa mère ne commettent pas de péché ?

— Dieu ne peut pas ne pas vouloir ce qu'il a voulu être
fait, car sa volonté est éternelle. S'il ne voulait pas qu'un
enfant illégitime soit procréé, celui-ci ne pourrait l'être, car
la nature ne peut rien contre la volonté divine.

— Voir le huitième principe. Dieu ne peut pas ne pas vouloir ce qu'il a voulu être fait selon l'ordre de la nature, non
moralement en considération de l'homme. Dieu veut que
l'homme en état de péché mortel soit damné par sa justice,
et que, sorti de son péché et redevenu vertueux, il soit sauvé
par sa justice et pardonné par sa miséricorde. C'est pourquoi Dieu ne légitime pas moralement l'enfant illégitime, procréé en état de péché mortel, mais comme il est maître de
la nature qu'il meut à agir, il le légitime quand même.

9. L'homme qui ne veut pas se marier et qui entre en reli-
gion offense-t-il Dieu qui a créé le mariage au paradis ?

— Dieu a créé le mariage pour que l'espèce humaine
puisse se multiplier et durer. Celui qui ne veut pas se marier
et qui entre en religion s'oppose à la fin du mariage et par
conséquent à Dieu qui a établi et prescrit le mariage.

— Voir le neuvième principe. Il est vrai que Dieu a établi et prescrit le mariage pour multiplier et conserver l'espèce
humaine. Mais celle-ci existe principalement pour le service
de Dieu et ce service est une fin plus importante que le
mariage. Si le religieux sert davantage Dieu en religion, il
n'agit donc pas contre Dieu en entrant en religion et en refu-
sant de se marier.

10. La femme qui s'est donnée à un homme hors du mariage pour avoir le nécessaire pèche-t-elle mortellement ?

— Dieu ne veut pas que la personne qui, naturellement, pourrait vivre, meure par manque de ressources. Aussi la femme qui est dans ce cas ne pèche-t-elle pas si elle se donne à un homme pour avoir de quoi vivre.

— Voir le dixième principe. Toute femme qu'un homme connaît en dehors du mariage est en état de péché mortel. Dieu a institué le mariage pour être servi dans cet état, et la femme que l'homme connaît en dehors du mariage ne peut servir Dieu. Il est faux de dire que la femme indigente ne pourrait vivre sans se donner à un homme, car elle pourrait demander l'aumône ou exercer un métier dont elle vivrait.

AU SUJET DU BAPTÊME

1. De quoi est le baptême ?

— Le baptême est administré sous forme d'eau et de chrême.

— Voir le premier principe qui définit le baptême. C'est le sacrement qui lave l'homme du péché originel par la vertu de paroles prononcées sous l'influence de Dieu. Il est vrai que le baptême est administré sous forme d'eau et de chrême, mais il est un sacrement par sa vertu infuse, qui en est la condition.

2. Quel sacrement purifie le plus l'homme du péché actuel ?

— Plus que tout autre sacrement, la pénitence purifie

l'homme du péché actuel, car elle a été instituée pour remplir ce rôle.

— Voir le deuxième principe. L'homme est lavé du péché actuel par le baptême plus que par tout autre sacrement. L'infidèle qui pèche actuellement et qui, par la suite, reçoit le baptême, est purifié du péché originel et du péché actuel dès qu'il est baptisé. Le baptême ne pourrait le laver du péché originel s'il ne le purifait du péché actuel, car la purification du péché est impossible autrement. Il est vrai que c'est le rôle de la pénitence, plus que de tout autre sacrement, de purifier l'homme du péché. Mais, bien que ce sacrement accorde la satisfaction qui ne peut se faire que dans ce monde et au purgatoire, il ne purifie pas comme le baptême, par lequel Dieu remet absolument la faute et la peine.

3. Le baptême épargne-t-il aux baptisés la contrition, la confession et la satisfaction des péchés commis auparavant ?

— Le péché doit être puni, tout comme le bien rétribué. L'infidèle qui reçoit le baptême doit donc se repentir et faire satisfaction des péchés qu'il a commis auparavant.

— Voir le troisième principe. Si l'infidèle meurt avant d'être baptisé, il sera puni à cause du péché actuel. S'il est baptisé, il n'est pas tenu de faire contrition et pénitence, pour respecter l'ordre du salut, car celui-ci ne peut lui être accordé par la contrition et la pénitence. C'est pourquoi, baptisé, il n'a nul besoin de se repentir ni de faire pénitence du péché actuel, puisqu'il n'était pas auparavant en état de grâce. Cependant si, maintenant qu'il est baptisé, il retenait injustement des biens ou de l'argent, il en devrait satisfaction.

4. Pourquoi n'y a-t-il pas de milieu entre le baptême et l'innocence ?

— Il n'y a pas de milieu entre le baptême et l'innocence, parce que le baptême est administré sous forme d'eau et de paroles.

— Voir le quatrième principe. Dire qu'il n'y a pas de milieu entre le baptême et l'innocence signifie que le baptisé naît dans la grâce, qu'il y est accueilli. L'eau et les paroles ne sont que des instruments.

5. Quelle est la forme du baptême ?

— La forme du baptême est le mouvement ordonné de l'eau et des paroles.

— Voir le cinquième principe. Celui qui détruit la forme du baptême détruit sa fin. La forme du baptême est l'essence qui meut l'eau et les paroles. Elle est le mouvement ordonné de l'eau et des paroles, s'il s'agit de la forme matérielle, non de la forme spirituelle, condition du sacrement.

6. Y a-t-il une succession dans la forme du baptême ?

— Tout mouvement implique succession et temps. Sans succession, aucun corps ne peut aller d'un lieu à un autre et les mots eux-mêmes se suivent. Il y a mouvement de l'eau et des paroles dans le baptême, il y a donc succession dans sa forme.

— Voir le sixième principe. Le baptême lave instantanément l'âme et le corps, car c'est une disposition infusée immuablement et intemporellement, ce qui n'implique ni mouvement ni succession de temps. Toutefois, le baptême requiert mouvement, temps et succession, s'agissant de la matière, instrument de la forme et de la vertu spirituelle qui informent le baptême instantanément, sans mouvement ni succession.

7. Le baptême de Jésus-Christ était-il nécessaire ?

— Jésus-Christ a été un homme vertueux et parfait. Un homme vertueux et parfait ne fait rien de superflu, ce que Jésus aurait fait en recevant le baptême, à moins que celui-ci ne lui eût été nécessaire.

— Voir le septième principe. Le baptême de Jésus a été l'exemple de tout baptême. Certes, Jésus, homme vertueux et parfait, aurait fait quelque chose de superflu en recevant le baptême, à moins que celui-ci ne lui eût été nécessaire. Mais Jésus n'a pas reçu le baptême parce qu'il lui était nécessaire, mais parce qu'il nous était nécessaire : Jésus a reçu le baptême en raison de notre besoin.

8. Jésus-Christ a reçu de saint Jean-Baptiste le baptême d'eau dans le Jourdain et le baptême de feu et de sang sur la croix en mourant. Jésus a-t-il reçu un ou plusieurs baptêmes ?

— Pas plus qu'un autre homme, Jésus n'a pu recevoir plusieurs baptêmes. Le baptême est en effet un sacrement unique, comme la blancheur et la charité sont uniques.

— Voir le huitième principe. Que le baptême de feu et le baptême de sang se soient unis sur la croix, cela signifie que le baptême a été unique. A cela s'est ajoutée l'eau que Jésus fit jaillir de son corps en sueur. Sous ces formes multiples le baptême a été unique. Elles l'ont rendu meilleur et plus noble.

9. Le baptême peut-il être administré sans mérite ?

— Le baptême est si important et si noble qu'il ne peut être administré sans mérite.

— Voir le neuvième principe. Grâce au mérite de la sainte humanité de Jésus-Christ qui, en tant qu'homme, a été baptisé dans l'eau du Jourdain et sur la croix par le feu d'amour et le sang du martyre, les enfants peuvent être baptisés par l'eau et le larron a pu l'être sur la croix par le feu et le martyre.

10. Par quel sacrement fait-on plus facilement son salut ?

— Nul sacrement n'est aussi noble ni aussi vertueux que l'Eucharistie. C'est par ce sacrement, plutôt que par un autre, qu'on peut faire son salut.

— Voir le dixième principe. Il est vrai que l'Eucharistie est le sacrement le plus noble et le plus vertueux, mais non pour ce qui est du rôle et de la fin de chaque sacrement. Le sacrement de l'Eucharistie a été établi pour la communion de Dieu et de l'homme, pour la conservation de l'homme dans la grâce, tandis que le baptême a été institué pour rendre à l'homme la grâce perdue par le péché originel.

AU SUJET DE LA CONFIRMATION

1. Qu'est-ce que la confirmation ?

— La confirmation est l'acquiescement du baptisé à être chrétien.

— Voir le premier principe. La confirmation vient d'être définie matériellement, ce qui n'est pas l'essentiel. Elle se définit avant tout par sa forme spirituelle, suite générale du baptême de Jésus-Christ : générale en tant que principe, moyen et fin de tout baptême, en tant qu'elle est d'eau, de flamme et de martyre.

2. Pourquoi les baptisés à l'âge adulte, qui savent qu'ils ont été baptisés, sont-ils confirmés ?

— Les baptisés à l'âge adulte sont confirmés pour montrer qu'ils ont été baptisés.
— Voir le deuxième principe. Les baptisés à l'âge adulte sont confirmés principalement et formellement pour acquiescer à leur baptême et montrer qu'ils ont été baptisés.

3. Pourquoi les adultes qui reçoivent la confirmation ont-ils des parrains ?

— Les adultes ont des parrains comme témoins de leur confirmation.
— Voir le troisième principe. L'objection vaut pour la matière de la confirmation, non pour sa forme. On donne aux adultes des parrains pour les instruire de la vertu de la confirmation. Il doit en être ainsi pour que la confirmation, prolongement du baptême, s'inspire de la forme et de l'exemple de celui-ci, où des parrains sont donnés à l'enfant pour l'instruire dans la foi qu'ils ont promise pour lui.

4. Pourquoi la confirmation existe-telle ?

— La confirmation est le témoignage du baptême.
— Voir le quatrième principe. L'objection vaut encore

pour la matière du sacrement et non pour sa forme. La
réponse doit concerner surtout celle-ci.

*5. La confirmation, suite du baptême, efface-t-elle le péché
actuel que le baptême efface ?*

— Si le péché actuel n'était pas effacé par la confirmation, celle-ci ne pourrait être la suite du baptême, car l'antécédent et le conséquent sont ordonnés à une même fin.

— Voir le cinquième principe. Il est vrai que l'antécédent
et le conséquent sont ordonnés à une même fin. Cependant
le conséquent ne peut avoir une fin aussi puissante que
l'antécédent, car l'effet dépend du pouvoir de la cause première plus que de celui de la cause seconde. C'est pourquoi
la confirmation ne peut effacer le péché actuel, bien que le
baptême l'efface. Elle prépare néanmoins à l'effacer,
puisqu'elle s'accorde au baptême.

6. Jésus-Christ a-t-il été confirmé ?

— Jésus-Christ n'a pas été confirmé. Il ne devait pas l'être
après avoir reçu, adulte, le baptême dans le Jourdain.

— Voir le sixième principe. Le Christ a été confirmé par
les exemples qu'il a donnés de la foi en sa jeunesse en dis-
cutant avec les Juifs. Il n'avait pas à être confirmé après
avoir été baptisé à l'âge adulte, s'agissant de lui-même, mais
il lui fallait être confirmé pour donner l'exemple.

*7. Jésus-Christ a-t-il confirmé la foi par des raisons
nécessaires[2] ?*

— Si Jésus-Christ avait confirmé la foi par des raisons

nécessaires, il l'aurait détruite, car la démonstration s'oppose à la croyance.

— Voir les sixième et septième principes. Jésus, enfant, discuta avec les Juifs et confirma la foi par les prophètes. Il la confirma ensuite par des miracles et des arguments lorsqu'il apparut aux apôtres. Cela n'a pas été contre la foi.

8. Quelle est la confirmation la plus générale du baptême ?

— La confirmation la plus générale du baptême est l'extrême-onction.

— Voir le huitième principe. On y trouvera la réponse[2].

9. Celui qui meurt sans être confirmé peut-il être sauvé ?

— Nul ne peut être sauvé s'il meurt sans être confirmé, sinon le sacrement de la confirmation n'aurait pas été institué.

— Voir le neuvième principe. Il est faux de dire que celui qui n'est pas confirmé ne peut être sauvé, car la confirmation procure le bien-être, mais ne répond pas à une nécessité.

10. La confirmation pourrait-elle être reçue sans dévotion ?

— Si la confirmation était reçue sans dévotion, la sainteté pourrait être imprimée dans le sujet corrompu par le péché actuel, ce qui est impossible.

---

2. Huitième principe de la confirmation : « Jésus confirma le baptême d'eau, de sang et de feu sur la croix. »

— Voir le dixième principe. Il est vrai que si la confirmation était reçue sans dévotion, elle serait imprimée en un sujet corrompu par le péché actuel qui y demeurerait. Cependant le sacrement demeure marqué par sa vertu et par l'agent qui le confère. Ainsi, un homme bon et sage donne un bon conseil à quelqu'un qui n'en tient pas compte, ce qui n'empêche pas le conseil d'être bon et sage.

AU SUJET DE L'EUCHARISTIE

1. Quel plus grand pouvoir Dieu peut-il donner à l'homme en cette vie ?

— Le pouvoir le plus grand que Dieu peut donner à l'homme en cette vie est celui de vivre, de voir, d'entendre, de comprendre, etc.
— Voir le premier principe. L'Eucharistie est le sujet par lequel Dieu donne au prêtre le pouvoir d'accomplir surnaturellement, avec son aide, un acte surnaturel plus grand et plus noble qu'un acte naturel.

2. Quel sacrement confère au prêtre le plus grand pouvoir ?

— Le plus grand pouvoir du prêtre est celui d'absoudre, de délier le pécheur et de lui accorder des indulgences.
— Voir le deuxième principe. Le plus grand pouvoir est celui de Jésus-Christ, présent en même temps et en tous lieux, au ciel et sur la terre, plutôt que le pouvoir de délier ou d'accorder des indulgences. Cela tient à la vertu de l'objet et du sujet, plus grande et plus noble dans l'Eucharistie que dans les clefs de la pénitence.

3. Quel sacrement signifie le mieux l'action de Dieu ?

— Le sacrement qui signifie le mieux l'action de Dieu est le sacrement de l'Ordre, car l'action de Dieu est ordonnée en lui-même et dans les créatures.

— Voir le troisième principe. Il est vrai que le sacrement de l'Ordre signifie l'action ordonnée de Dieu. Mais l'Eucharistie révèle et signifie mieux que tout autre sacrement l'action des personnes divines. Il signifie et manifeste mieux qu'un autre qu'il n'y a pas d'accident dans leur production.

4. Quel sacrement signifie mieux la charité, la miséricorde et la pitié divines que la pénitence.

— Nul sacrement ne signifie mieux la charité, la miséricorde et la pitié divines que la pénitence.

— Voir le quatrième principe. Nul sacrement ne signifie et ne manifeste mieux que l'Eucharistie la personne du Saint-Esprit ou l'action que le Père et le Fils ont en lui. Mais l'objection vaut pour la miséricorde et la pitié.

5. La vertu des paroles est-elle, dans l'Eucharistie, aussi forte que l'esprit du prêtre qui croit et aime la vérité du sacrement ?

— L'esprit du prêtre est plus puissant que ses paroles, car l'idée est une opération de l'âme, tandis que les paroles sont une opération du corps[3]. Comme l'âme est plus noble que

---

3. La parole est pour Lulle un sens corporel, le sixième après la vue, l'ouïe, le goût, l'odorat, le toucher. Voir son *Affatus*, édité par A. Llinarès, A.-J. Gondras, « Archives d'histoire doctrinale et littéraire du Moyen Age », Paris, 1985, p. 269-297.

le corps, elle a une vertu plus forte et plus noble que lui dans le sacrement de l'Eucharistie.

— Voir le cinquième principe. La parole et la vertu de la parole font un même sacrement. La vertu de la parole est une disposition infuse, spirituelle, invisible, sans laquelle le sacrement ne pourrait exister, car l'esprit du prêtre est instable et peut librement admettre ou non la vérité du sacrement. C'est pourquoi les paroles sont à proprement parler le fondement second[4] du sacrement, alors que le bon esprit du prêtre lui est seulement favorable. L'objection ne vaut donc rien. Dire que l'esprit a une vertu plus grande que les paroles est vrai en d'autres cas, mais non en ce qui concerne l'Eucharistie.

6. Pour quelle raison l'Eucharistie requiert-elle pain et vin et non l'un d'eux seulement ?

— Le sacrement de l'Eucharistie requiert pain et vin, le pain comme nourriture, le vin comme boisson. L'Eucharistie procure la vie spirituelle, elle doit comporter pain et vin, et non l'un d'eux seulement.

— Voir le sixième principe. L'Eucharistie requiert pain et vin pour signifier que, tout comme tous deux ne font qu'un sacrement, deux personnes divines ne produisent qu'un seul Saint-Esprit. L'objection est secondaire.

7. Le pain et le vin de l'Eucharistie impliquent-ils des vertus distinctes, autrement dit le sacrement a-t-il une vertu par le pain et une autre par le vin, ou a-t-il une seule vertu ?

---

4. Les paroles sont le fondement second, le fondement premier étant la vertu de la parole, infusée par Dieu.

— Le pain et le vin sont des essences[5] distinctes. Le sacrement a donc une vertu par le pain et une autre par le vin.

— Voir le septième principe. Le sacrement a la vertu du corps de Jésus-Christ. Certes, le pain et le vin ont leurs vertus propres, mais, comme ils sont transsubstantiés dans le corps de Jésus-Christ, ils les perdent, alors que s'ils passaient dans le corps de Jésus-Christ avec leurs accidents, le sacrement aurait deux vertus.

8. Jésus-Christ peut-il communier ici-bas avec l'homme par charité comme par l'Eucharistie ?

— Il ne peut y avoir ici-bas de disposition plus noble et plus vertueuse que la charité. Aussi Jésus-Christ peut-il mieux communier avec l'homme par la charité que par l'Eucharistie.

— Voir le huitième principe. Il est vrai qu'il n'existe pas ici-bas de disposition aussi noble et aussi vertueuse que la charité. Cependant, la communion de Jésus-Christ avec l'homme a une vertu plus générale que la charité. Par l'Eucharistie en effet, Jésus-Christ communie avec l'homme par le lieu, le temps et la charité, tandis que sans l'Eucharistie il ne communie que par la charité.

9. Par quoi la bonté divine et la bonté créée, la grandeur divine et la grandeur créée, etc. communient-elles le mieux ici-bas ?

— La bonté divine et la bonté créée communient ici-bas par le meilleur bien qui se fait : se souvenir de Dieu, le comprendre et l'aimer par-dessus tout.

5. Les essences sont les espèces du pain et du vin.

— Voir le neuvième principe. Il est vrai que le plus grand bien consiste à se souvenir de Dieu, le comprendre et l'aimer par-dessus tout : la bonté divine et la bonté créée peuvent ainsi mieux communier entre elles. Cependant, la meilleure communion est celle qui s'accomplit grâce à un sujet grand et noble, c'est-à-dire par l'Eucharistie où le prêtre réalise le meilleur bien qui soit ici-bas.

10. Où le ciel et la terre[6] sont-ils le plus unis ?

— Les vertus spirituelles et les vertus corporelles ne sont nulle part plus unies que chez l'homme, composé d'une âme et d'un corps. Le corps de l'homme a une vertu plus noble et plus grande que tout autre corps et l'âme accomplit en lui des actes plus nobles que les corps célestes.

— Voir le dixième principe. Il est vrai que les vertus supérieures et les vertus inférieures sont naturellement et fortement unies chez l'homme. Mais, leur union surnaturelle ne peut être aussi forte que dans l'Eucharistie où Jésus-Christ est sacramentellement présent.

AU SUJET DE L'ORDRE

1. Qu'est-ce que la prêtrise ?

— La prêtrisé est le pouvoir spécial que l'évêque confère au prêtre pour la célébration du culte.

— Voir le premier principe. Il est vrai que la prêtrise est le pouvoir spécial que l'évêque confère au prêtre pour la célébration du culte. Mais c'est là chose secondaire. Au-delà de

6. Ciel et terre traduisent « au-delà », « ici-bas ».

cet aspect, fait de paroles et de dispositions matérielles, le sacrement de l'Ordre, infusé par Dieu, confère à l'évêque un pouvoir spirituel que celui-ci transmet au prêtre par la célébration du sacrement. Ce pouvoir ne peut être perçu, mais il est signifié par sa forme matérielle, son support, comme la cire est le support des lettres du sceau.

2. En quel sacrement l'ordre est-il le plus grand ?

— L'ordre le plus grand réside dans l'Eucharistie, sacrement le plus noble et le plus important.
— Voir le deuxième principe. L'objection vaut pour la finalité du sacrement, non pour le pouvoir. C'est grâce à la prêtrise que le sacrement de l'Eucharistie peut être célébré. Sans elle, il ne pourrait l'être.

3. La prêtrise a-t-elle un pouvoir aussi grand que le prêtre lui-même ?

— Le prêtre célèbre la messe, but de la prêtrise. C'est pourquoi il a en lui un pouvoir plus grand que la prêtrise.
— Voir le troisième principe. Il est vrai qu'une fin de la prêtrise est la célébration de la messe. La prêtrise a cependant d'autres fins, comme condition et instrument des autres sacrements : conférer le baptême, célébrer le mariage, lier, absoudre, etc. La vertu de la prêtrise et celle de l'Eucharistie sont donc comme l'agent et le patient.

4. Peut-il sortir quelque mal de la prêtrise ?

— La luxure, l'avarice, l'orgueil et les autres péchés sont plus graves chez le prêtre que chez un autre homme. C'est pourquoi la prêtrise est cause de la plus grande peine que le prêtre subira en enfer, s'il meurt en état de péché mortel.

— Voir le quatrième principe. Il est faux de dire que la prêtrise est cause d'une grande peine et d'un grand mal pour le prêtre, car la prêtrise est conférée par Dieu, et aucun bien n'est cause de mal, son contraire. Le prêtre est cause de son mal quand il agit contre la meilleure condition qu'on puisse avoir, car il lui est plus loisible de faire le bien qu'à un autre homme.

5. De quel ordre[7] découle-t-il le plus de bien ?

— De nul ordre ne sort autant de bien que du mariage. S'il n'existait pas, on ne pourrait engendrer ni être engendré. L'espèce humaine disparaîtrait ici-bas ou se conserverait dans le péché.

— Voir le cinquième principe. L'objection vaut en ce qui concerne le bien corporel, non le bien spirituel. Comme un seul bien spirituel vaut plus que plusieurs biens corporels, plus de bien découle de la prêtrise que du mariage.

6. Quel ordre ressemble plus à l'ordre de Dieu ?

— Nul ordre ne ressemble plus à l'ordre de Dieu que celui des anges, incorruptible, immuable et naturel.

— Voir le sixième principe. L'objection vaut en ce qui concerne l'ordre naturel. Mais la prêtrise ressemble plus à l'ordre surnaturel de Dieu, car le prêtre agit surnaturellement en administrant les sacrements.

---

7. Le mot ordre a différents sens dans ce paragraphe et les suivants. Il désigne une relation, une catégorie, un état. Lulle parle de l'ordre du mariage (auquel il consacre le premier livre de son roman *Blanquerna*), de l'ordre de la chevalerie (auquel il consacre un ouvrage), du sacrement de l'Ordre, de l'ordre qui est en Dieu.

7. L'ange peut-il, comme le prêtre, communier avec Dieu ?

— L'ange est simplement substance spirituelle. Comme Dieu est lui-même simplement substance spirituelle, l'ange peut communier avec lui mieux que le prêtre, composé d'âme et de corps, en raison de quoi la prêtrise a une action corporelle et spirituelle.

— Voir le septième principe. L'objection vaudrait si Dieu ne s'était pas incarné et si l'Eucharistie n'était pas vraie. Mais elle est un acte si considérable que l'ange ne pourrait le réaliser.

8. En quel ordre la charité est-elle surtout nécessaire ?

— La charité est surtout nécessaire dans le mariage où l'union charnelle du mari et de la femme doit être charitable.

— Voir le huitième principe. Si l'on considère la fin spirituelle, la charité est surtout nécessaire au ministère du prêtre. Celui qui célèbre la messe doit avoir une ardeur et une charité plus grandes et plus hautes que celui qui n'accomplit pas un acte aussi considérable et aussi bon. L'objection vaut en revanche pour l'acte corporel.

9. En quel ordre l'orgueil et la colère peuvent-ils être les plus forts ?

— L'orgueil et la colère sont surtout forts dans l'ordre de la chevalerie, car les chevaliers sont particulièrement orgueilleux et peuvent faire le plus grand mal.

— Voir le neuvième principe. De mauvais prêtres et de mauvais prélats peuvent être spirituellement plus orgueilleux et plus coléreux que ne le sont corporellement les chevaliers. Le péché est plus grand chez ceux qui appartiennent à un ordre spirituel que chez ceux qui appartiennent à un ordre temporel.

10. Qui peut être plus contraire à son ordre ?

— Nul autre que le prince ne peut être plus contraire à son ordre : le mauvais prince peut faire plus de mal que quiconque.

— Voir le dixième principe. Il est vrai que le prince peut faire plus de mal et peut être plus contraire à son ordre qu'un autre homme, s'il s'agit du mal corporel, non du mal spirituel. L'ordre spirituel est en effet plus élevé et plus fort que l'ordre temporel, puisqu'il se rapproche plus de l'ordre divin.

AU SUJET DE LA PÉNITENCE

1. Pour quel sacrement la contrition est-elle nécessaire ?

— Celui qui offense le sacrement le plus noble doit manifester la plus grande contrition. L'Eucharistie est le sacrement le plus noble. On doit manifester une plus grande contrition pour une offense faite à l'Eucharistie que pour une offense faite à un autre sacrement.

— Voir le premier principe. Il est vrai que l'on doit manifester une contrition plus grande pour une offense à l'Eucharistie que pour une autre, si l'on considère la fin, non le temps. La contrition concerne en effet la pénitence.

2. Le prêtre peut-il lier et délier autant que Dieu ?

— La cause première a plus d'effet que la cause seconde

et le pécheur pèche contre Dieu, non contre le prêtre. Dieu peut donc lier et délier plus que le prêtre.

— Voir le deuxième principe. Il est vrai que la cause première a plus d'effet que la cause seconde, selon l'ordre naturel, car aucune cause seconde n'est surnaturelle. Dieu est cause première. Le prêtre est l'instrument mû par Dieu et par une disposition infuse. Tout ce qu'il fait, il le fait par la cause première. Sans une disposition infuse par Dieu il ne peut rien faire de surnaturel.

3. Dieu peut-il délier au ciel ce que le prêtre lie sur la terre ?

— Le prince a un plus grand pouvoir que son serviteur. De même, Dieu a un plus grand pouvoir que le prêtre, son vicaire sur la terre. Aussi Dieu peut-il délier au ciel ce que son vicaire lie sur la terre.

— Voir le troisième principe. Le prêtre lie et délie dans le ciel et sur la terre. Il lie avec la puissance, la justice et la volonté de Dieu ; il délie avec la puissance, la miséricorde et la volonté de Dieu. Pour cette raison, si le prêtre lie justement ici-bas, Dieu ne peut délier au ciel ce qui a été lié. S'il le faisait, ce serait injustement, ce qui est impossible. Cependant, si le pécheur, lié par la justice, se dispose à recevoir miséricorde et pardon, alors Dieu peut délier ce que le prêtre a lié.

4. Quelle faculté est cause du repentir dans la pénitence ?

— La volonté cause principalement le repentir, qui est son acte propre. C'est pourquoi le repentir et la contrition sont causés, dans la pénitence, par la volonté plutôt que par une autre faculté de l'âme.

— Voir le quatrième principe. Quand on a mauvaise conscience, l'intelligence montre les péchés, la volonté les blâme, la mémoire s'en souvient. Si la mauvaise conscience est grande, les trois facultés causent un seul acte de repentir qui fait souffrir, et selon qu'une faculté est plus active contre le péché, elle cause un repentir plus grand que les autres facultés. Il en est de même pour la contrition, la confession et la satisfaction.

5. Soupirer a-t-il dans la pénitence une vertu aussi grande que pleurer ?

— Soupirer conduit à pleurer. Les pleurs sont les fruits, et les soupirs les fleurs de la pénitence.

— Voir le cinquième principe. Les pleurs ne sont pas à vrai dire les fruits de la pénitence et les soupirs n'en sont pas les fleurs. Dans la pénitence, ce sont les soupirs du cœur qui commencent et les pleurs qui suivent. Les soupirs entraînent les pleurs[8].

6. La pénitence peut-elle affliger plus grandement le corps que l'âme ?

— La pénitence peut faire souffrir le corps plus que l'âme, car le corps est plus souvent que l'âme cause de péché.
— Voir le sixième principe. Par la pénitence, la contrition et la crainte de Dieu, l'âme doit avoir une peine plus grande que le corps par le jeûne et les pleurs.

8. L'argumentation est peu claire.

7. Pourquoi l'impatience[9] est-elle, plus que tout autre vice, contraire à la pénitence ?

— L'impatience est, plus que tout autre vice, contraire à la pénitence, parce qu'elle s'accorde avec la colère.

— Voir le septième principe. L'impatience est, plus que tout autre vice, contraire à la pénitence, parce qu'elle s'oppose à la passion. La pénitence demande qu'on y participe, qu'on n'agisse pas contre elle et qu'on ne présume pas avoir quelque droit.

8. La pénitence demande-t-elle plus d'amour que de crainte ?

— On doit normalement aimer les vertus pour connaître la gloire et craindre les vices pour ne pas connaître la peine. Aussi, lorsqu'on a péché et qu'on veut faire pénitence, le fait-on par crainte plus que par amour.

— Voir le huitième principe. Il est normal d'aimer les vertus pour connaître la gloire et de haïr les vices par crainte de la peine, s'agissant de l'intention seconde, non de l'intention première[10]. En effet, on doit d'abord aimer les vertus pour servir Dieu et haïr les vices pour ne pas perdre son amour. Dans la pénitence, l'amour vaut donc plus que la crainte. C'est pourquoi ceux qui ont ce souci sont plus forts et plus constants que les autres.

---

9. Le principe 7 de la pénitence, auquel renvoie la question, parle d'hypocrisie. Mais on comprend que l'impatience s'oppose à l'obéissance, à La soumission qui doivent être celles du pénitent.

10. Intention première, intention seconde : l'intention première est le service de Dieu ; craindre la peine, c'est avoir une intention seconde. On doit aimer la vertu pour être agréable à Dieu et non par crainte d'être puni.

9. Quelle disposition[11] *rassure le plus les hommes : la charité ou la pénitence ?*

— La charité est une disposition plus noble et plus haute que la pénitence. Aussi les hommes sont-ils plus en sécurité avec la charité qu'avec la pénitence.

— Voir le neuvième principe. La charité est une disposition, c'est-à-dire une vertu plus noble que la pénitence. Cependant, comme la pénitence est un sacrement qui accorde la charité, la miséricorde et l'indulgence, l'objection est sans valeur.

10. Le pécheur qui se sait damné doit-il faire pénitence ?

— La pénitence a été instituée pour parvenir au salut et échapper à la damnation. Le pécheur qui se sait damné n'a donc pas à faire pénitence, car il le ferait en vain.

— Voir le dixième principe. Il est vrai que le pécheur qui se sait damné ne doit pas faire pénitence, si on le considère en lui-même. Mais l'objetion ne vaut pas pour l'offense faite à Dieu. Le pécheur doit la haïr plus que sa damnation, car il a été créé pour servir et aimer Dieu plus que pour se servir et s'aimer lui-même.

AU SUJET DE L'EXTRÊME-ONCTION

1. Pourquoi l'extrême-onction existe-t-elle ?

— L'extrême-onction existe pour que l'on puisse, à la fin de ses jours, demander le pardon de ses fautes à Dieu.

---

11. Le mot disposition traduit le terme scolastique *habitus*.

— Voir le premier principe. L'objection vaut pour la fin du sacrement, non pour sa forme.

2. Quelles sont les limites de l'espérance et du pardon ?

— Les limites de l'espérance et du pardon sont la contrition, la confession et la satisfaction.

— Voir le deuxième principe. L'objection vaut pour la pénitence et pour le temps que l'on a encore à vivre.

3. Celui qui reste longtemps en vie après avoir reçu l'extrême-onction doit-il la recevoir de nouveau ?

— Quel que soit le moment de sa mort, on doit supposer que l'on ne péchera plus.

— Voir le troisième principe. L'objection est valable, mais on ne doit pas administrer trop souvent l'extrême-onction, sous peine de lui faire perdre son efficacité et de rendre impropre son nom.

4. Celui qui pèche après avoir reçu l'extrême-onction pèche-t-il plus gravement qu'auparavant ?

— En tout temps deux ou plusieurs péchés de poids égal et d'égale qualité causent une faute égale.

— Voir le quatrième principe. L'objection ne tient pas compte du moment et du pécheur. Ainsi, le vieillard luxurieux pèche plus gravement que lorsqu'il était jeune et le riche avare pèche d'autant plus qu'il est plus riche.

5. Celui qui continue à vivre après avoir reçu l'extrême-

onction et qui éprouve quelque plaisir doit-il en avoir contrition ?

— Nul ne peut s'interdire un plaisir naturel par la vue, l'ouïe, le goût ou l'imagination.

— Voir le cinquième principe. L'extême-onction suppose que l'on va mourir. Si on continuait à vivre, on devrait faire pénitence et satisfaction de ses péchés. C'est pourquoi, si, pour une raison quelconque, on éprouve un plaisir naturel, on doit licitement en avoir contrition et crainte, car, quand on éprouve du plaisir, on ne fait pas satisfaction de ses péchés par une vie austère. L'objection vaut en revanche pour les mouvements seconds et naturels.

6. Au moment de recevoir l'extrême-onction doit-on avoir une plus grande contrition de ses péchés qu'auparavant ?

— Le péché est d'autant plus grave qu'il est contre Dieu, bonté infinie, et qu'il cause un mal et une peine perpétuels. C'est pourquoi on doit toujours manifester la plus grande contrition.

— Voir le sixième principe. L'objection est valable, mais en raison de la disposition et de la forme de l'extrême-onction, une contrition plus intense des péchés est requise au moment de la recevoir. A tout autre moment, on pense continuer à vivre et satisfaire pour ses péchés en cette vie.

7. Doit-on craindre la mort au moment de recevoir l'extrême-onction ?

— L'extrême-onction est l'image de la mort, qui doit être crainte. On doit donc la craindre au moment de recevoir l'extrême-onction.

— Voir le septième principe. L'objection concerne le corps, non la crainte spirituelle que l'on doit avoir en allant au jugement pour la gloire ou la peine perpétuelles. On ne doit pas craindre la mort corporelle, puisqu'on sait qu'on doit mourir.

8. Celui qui est en bonne santé doit-il recevoir l'extrême-onction ?

— On peut être en bonne santé et se trouver en un lieu où il n'y a pas de prêtre. On peut donc recevoir l'extrême-onction tout en étant en bonne santé.

— Voir le huitième principe. Si l'objection était valable, le sacrement n'aurait pas été institué dans le but pour lequel il l'a été, c'est-à-dire pour être reçu à la fin de ses jours, tout comme le baptême a été institué pour être reçu au début de sa vie.

9. Par quel sacrement doit-on avoir l'espérance la plus grande ?

— On doit avoir la plus grande espérance par l'Eucharistie, car c'est le sacrement le plus noble et le plus vertueux.

— Voir le neuvième principe. L'objection vaut pour la noblesse du sacrement, non pour la nature de la crainte et la proximité du jugement dernier.

10. Doit-on se souvenir de Dieu au moment de recevoir l'extrême-onction plus qu'au moment de recevoir un autre sacrement ?

— Plus Dieu est proche de l'homme par la grâce, plus

l'homme doit se souvenir de lui et l'aimer. Dieu est plus proche du fidèle dans l'Eucharistie. L'homme doit donc se souvenir de lui et l'aimer plus au moment de l'Eucharistie qu'au moment de l'extrême-onction.

— Voir le dixième principe. L'objection vaut pour l'amour, non pour la crainte et l'espérance. Au moment de la mort, l'homme espère être avec Dieu dans une autre vie plus que dans ce monde par l'Eucharistie.

9

AU SUJET DE LA HIÉRARCHIE ECCLÉSIALE

Au sujet du pape[1]

1. Le pape doit-il être aimé plus qu'une autre personne ?

— Plus une personne est proche d'une autre, plus elle doit être aimée. Ainsi, le fils doit aimer son père plus qu'un autre parent.

— Voir le premier principe concernant le pape. L'objection vaut pour la forme et la nature de l'amour, non pour sa fin. Le pape a été établi pour le bien commun, préférable au bien particulier.

2. Le pape est-il obligé d'être le plus vertueux des hommes ?

— Si le pape était obligé d'être le plus vertueux des hommes, il pécherait s'il ne l'était pas.

1. Comme dans les *Principes*, le pape est le plus souvent désigné par une périphrase.

— Voir le deuxième principe. Le pape doit tout faire pour être le meilleur. L'objection vaudrait pour le péché véniel, si le pape pouvait être plus vertueux qu'un autre homme et s'il ne faisait pas ce qu'il faut pour l'être.

3. Quel personnage doit-on craindre le plus ?

— On doit craindre surtout le mauvais prince.
— Voir le troisième principe. L'objection vaut pour la mort corporelle, non pour la mort spirituelle.

4. La charge du pape est-elle désirable ?

— Plus le personnage est important, plus sa charge est désirable.
— Voir le quatrième principe. L'objection vaut pour la fin, non pour la forme.

5. Pourquoi le personnage qui peut faire le plus de bien peut-il faire le plus de mal, puisque le bien et le mal s'opposent l'un à l'autre ?

— Le personnage qui fait le plus de bien peut faire le plus de mal, en se privant de faire le bien. La privation de ce bien peut être en effet un plus grand mal que la privation d'un bien médiocre.
— Voir le cinquième principe. L'objection vaut pour la privation du bien, non pour la production du mal, car plus un homme est puissant, plus il peut faire de mal.

6. Un péché commis par le pape est-il plus grave que celui commis par une autre personne ?

— Plus le personnage est important, plus il a de soucis. Aussi a-t-il plus d'excuses qu'un autre s'il pèche.
— Voir le sixième principe. Les nombreuses occupations du personnage peuvent être des excuses, non s'il pèche délibérément et sciemment.

7. Le pape doit-il se préoccuper de l'intérêt de la multitude plus que de son propre intérêt ?

— On dit que charité bien ordonnée commence par soi-même.
— Voir le septième principe. La fin de la charge du pape est d'être au service de la multitude. L'objection ne vaut que si on compare une personne à une autre.

8. Le pape reçoit des anges une aide plus grande qu'une autre personne. Pourquoi a-t-il de plus grandes tentations ?

— De même que le pape reçoit une grande aide du bon ange, il subit de graves tentations de la part du mauvais.
— Voir le huitième principe. L'objection vaut si le pape est en état de péché mortel, non s'il est en état de grâce. Il subit alors de plus grandes tentations par vaine gloire. Plus un homme est honoré, moins il mérite l'honneur qu'on lui fait. La raison en est que l'homme a été créé de rien.

9. Le pape doit-il faire preuve de justice ou de miséricorde ?

— La générosité et la pitié incombent au pape plus qu'à

quiconque. Il lui appartient donc de faire preuve de miséricorde plus que de justice.

— Voir le neuvième principe. L'objection vaut pour la personne du pape, non pour sa fonction.

10. Le p pe élu doit-il avoir une plus grande crainte que ses électeurs ?

— Le pape élu ne doit pas craindre de faire le bien, il doit au contraire s'en réjouir. Mais ses électeurs doivent craindre d'avoir choisi un mauvais maître.

— Voir le dixième principe. L'objection vaut pour le bon élu. Mais, s'il est mauvais, il doit avoir une plus grande crainte que ses électeurs, car s'il fait le mal, il doit être puni plus sévèrement qu'eux.

AU SUJET DU CARNINAL

1. Le juriste est-il aussi apte que le théologien à être cardinal ?

— Les affaires de la sainte Église sont plus temporelles que spirituelles. C'est pourquoi le juriste est plus apte que le théologien à être cardinal.

— Voir le premier principe concernant les cardinaux. L'objection ne vaut pas, si l'on considère le nombre d'infidèles qui vont à damnation parce qu'ils ignorent la sainte foi chrétienne, et le nombre d'admonitions que le pape et les cardinaux doivent adresser aux mauvais prélats et à leurs fidèles.

2. Qui est le plus apte à conseiller le bien ou le mal ?

— Le confesseur est le plus apte à conseiller le bien ou le mal.

— Voir le deuxième principe. L'objection vaut pour un conseil particulier, non pour un conseil public.

3. Pourquoi le cardinal doit-il être honoré ?

— Le cardinal doit être honoré parce qu'il est l'auxiliaire du pape.

— Voir le troisième principe. L'objection vaut pour la forme, non pour la fin qui doit être surtout prise en considération.

4. Quel est en ce monde le plus grand bonheur du cardinal ?

— Le plus grand bonheur du cardinal en ce monde réside dans les honneurs et la prospérité.

— Voir le quatrième principe. L'objection vaut pour l'intérêt particulier, non pour l'intérêt général.

5. Quels hommes le pape doit-il aimer ?

— Le pape doit aimer les hommes de sainte et haute vie.

— Voir le cinquième principe. L'objection vaut pour la fin, non pour la forme.

6. Quel est le nombre de cardinaux le plus propice au consistoire ?

— Le nombre de cardinaux le plus propice au consistoire est de douze, à l'image des douze apôtres. Le pape, représentant de notre Seigneur Jésus-Christ, est le treizième.

— Voir le sixième principe. L'objection vaut pour la forme, non pour la fin.

7. L'honneur du consistoire réside-t-il dans le nombre de ses membres ?

— L'honneur du consistoire est proportionnel au nombre de ses membres.

— Voir le septième principe. L'objection vaut si tous les membres du consistoire sont bons et sages, mais ne tient pas compte de la fonction et de la composition du consistoire.

8. Qu'est-ce qui est le plus nécessaire pour un cardinal ?

— Le plus nécessaire pour un cardinal est d'être dans les bonnes grâces du pape.

— Voir le huitième principe. L'objection vaut pour la forme, non pour la fin.

9. Le cardinal doit-il aimer ses parents plus que le pape ?

— Par charité, le cardinal est plus proche de ses parents que du pape.

— Voir le neuvième principe. L'objection vaut pour l'amour naturel, non pour la charité, vertu infuse par Dieu.

10. Quels mauvais hommes font le plus déshonneur à Dieu ?

— Nul ne fait plus déshonneur à Dieu que l'infidèle qui ne croit pas en lui et persécute les chrétiens qui y croient.
— Voir le dixième principe. L'objection vaut en ce qui concerne la fin, non la fonction, car le mauvais prélat est plus que quiconque contraire à sa fonction.

AU SUJET DE L'ÉVÊQUE

1. L'évêque a-t-il un pouvoir aussi grand que le pape ?

— L'évêque est l'image et le vicaire du pape. Il a donc un aussi grand pouvoir que lui.
— Voir le premier principe concernant l'évêque. L'objection vaut en partie, mais en partie seulement, car image ne signifie pas identité.

2. Qu'est-ce que le pape doit surtout considérer lors de sa visite à un évêque ?

— Le pape ne doit rien tant considérer que le bon renom de l'évêque.
— Voir le deuxième principe. L'objection vaut pour la fin, non pour la forme.

3. L'évêque excommunié par le pape peut-il excommunier son peuple ?

— Si l'évêque a été excommunié injustement par le pape, il peut à bon droit excommunier son peuple.
— Voir le troisième principe. L'objection vaut pour la fin, non pour la forme.

4. Qui offense le plus le pouvoir et l'honneur du pape ?

— Nul n'offense plus le pouvoir et l'honneur du pape que le mauvais prince.

— Voir le quatrième principe. L'objection vaut si l'on considère le corps, non si l'on considère l'âme, car le mauvais prélat, plus que le mauvais prince, peut offenser spirituellement le pouvoir et l'honneur du pape.

5. L'évêque peut-il, sans le consentement du pape, créer un nouvel usage dans son diocèse ?

— Si l'évêque a besoin d'un nouvel usage pour bien gouverner son diocèse, il peut le créer lui-même, sans l'accord du pape.

— Voir le cinquième principe. L'évêque peut agir ainsi, mais il devra en rendre compte au pape.

6. L'archiépiscopat est-il aussi désirable que l'épiscopat ?

— L'archiépiscopat est plus noble que l'épiscopat. Il est donc plus désirable.

— Voir le sixième principe. L'objection vaut pour la justice, non pour la charité.

7. Les fidèles doivent-il craindre l'évêque autant que le pape ?

— Le pape a une plus grande autorité. Il doit être craint davantage.

— Voir le septième principe. L'objection vaut pour la prudence, non pour la charité.

8. L'évêque doit-il aimer ses parents pauvres autant que ses prêtres pauvres ?

— L'évêque a été élevé par ses parents et c'est grâce à eux qu'il s'est instruit. Il peut donc préférer les secourir plutôt que secourir ses prêtres.
— Voir le huitième principe. L'objection concerne la nature, non l'usage.

9. L'évêque doit-il s'occuper de son peuple au détriment de sa santé ?

— Nul ne doit ruiner sa santé pour un autre.
— Voir le neuvième principe. L'objection vaut pour l'intérêt de ce monde, non pour l'intérêt de l'autre.

10. A quoi reconnaît-on la bonté de l'évêque ?

— Rien ne manifeste autant la bonté de l'évêque que sa générosité.
— Voir le dixième principe. L'objection vaut pour le bien particulier, non pour le bien commun.

AU SUJET DU PRÊTRE[2]

1. L'évêque pèche-t-il à cause du péché d'un mauvais prêtre ?

— Nul ne pèche à cause d'autrui, s'il n'y consent.

2. Comme dans les *Principes*, le prêtre est le chapelain.

— Voir le premier principe concernant le prêtre. L'objection vaut si l'on considère le péché mortel. Mais l'évêque qui, sachant que le prêtre est mauvais, lui confie un ministère, n'est pas excusé du péché du prêtre.

2. *Pourquoi le prêtre ne doit-il pas avoir de femme ?*

— Le prêtre ne doit pas avoir de femme pour mieux exercer son ministère.
— Voir le deuxième principe. L'objection est valable, mais il faut surtout que le prêtre soit fidèle aux biens de la sainte Église.

3. *Le prêtre ignorant est-il digne d'avoir charge d'âmes ?*

— Le prêtre qui mène sainte vie est digne d'avoir charge d'âmes, bien qu'il soit ignorant[3].

4. *Quels sont les plus grands amis du prêtre ?*

— Les plus grands amis du prêtre sont ses parents.
— Voir le quatrième principe. L'objection vaut pour la nature, non pour la coutume, car les parents sont les ennemis du prêtre.

5. *Le prêtre doit-il préférer une prébende avec charge d'âmes ou sans charge d'âmes ?*

— Il est plus facile de garder une brebis que plusieurs.

3. Seule l'objection figure dans les manuscrits. La solution manque.

— Voir le cinquième principe. Le prêtre qui ne veut pas servir grandement Dieu ne l'aime guère et n'est pas très aimé de Dieu. Il s'aime plus qu'il n'aime Dieu. Il n'est donc pas digne de salut.

6. Qui peut le mieux servir Dieu : le prêtre dans son église paroissiale ou le moine dans son cloître ?

— Le prêtre connaît plus de difficultés et a plus d'occasions de pécher que le moine. Il ne peut donc servir Dieu aussi bien que le moine.

— Voir le sixième principe. Il est vrai que le moine peut mieux servir Dieu dans son cloître que le prêtre dans son église paroissiale. Mais le prêtre peut faire plus de bien que le moine. Si celui-ci n'a pas autant de difficultés que le prêtre à servir Dieu, le prêtre, s'il est bon, a plus de prudence, de force, de justice et d'espérance que le moine.

7. Le prêtre a-t-il autant de pouvoir sur son peuple que le prince ?

— Le prince a autorité sur son peuple, le prêtre est soumis à l'évêque. Le prince a donc plus de pouvoir que le prêtre.

— Voir le septième principe. La maîtrise des âmes est le fait d'une sainte vie, tandis que le pouvoir du prince s'appuie sur le glaive. Le prêtre, bien que soumis à son prélat, a donc un pouvoir plus noble que celui du prince.

8. Quels sont les plus grands ennemis du prêtre ?

— Ce sont ses parents, occasion pour lui de voler les pauvres de Jésus-Christ.

— Voir le huitième principe. Les plus grands ennemis du prêtre sont les vices.

9. Un évêque vierge peut-il avoir un fils ?

— Un évêque ne peut avoir un fils, puisqu'il est vierge.
— Voir le neuvième principe. L'objection vaut naturellement, non moralement[4].

10. Quels sont ceux qui déconsidèrent le plus l'évêque ?

— Ce sont les péchés de l'évêque qui le déconsidèrent le plus.
— Voir le dixième principe. L'objection vaut moralement, mais la question concerne les personnes[5].

AU SUJET DU RELIGIEUX[6]

1. Le religieux peut-il mener une vie active et une vie contemplative ?

— La vie active et la vie contemplative sont des comportements différents et non interchangeables. Le même homme ne peut donc mener à la fois une vie active et une vie contemplative.
— Voir le premier principe concernant le religieux. Il est vrai que le religieux ne peut mener en même temps une vie

---

4. Moralement, l'évêque est responsable des actes du prêtre.
5. Ce sont les prêtres qui déconsidèrent l'évêque.
6. Le paragraphe est altéré : la question 7 manque, les questions 5, 6, 8, ont été interverties.

active et une vie contemplative, mais il peut passer de l'une à l'autre.

2. Quel genre de vie est-il le plus propice à la sainteté ?

— La sainteté est avant tout innocence. La vie contemplative est donc la plus propice à la sainteté.
— Voir le deuxième principe. L'objection vaut pour un moment, non pour plusieurs. Ainsi, Jésus-Christ a mené une vie contemplative par la pauvreté et une vie active par la prédication et le martyre.

3. Pourquoi Jérusalem et les autres terres chrétiennes ont-elles été perdues et pourquoi y a-t-il tant d'infidèles sur ces terres ?

— Mahomet, ses disciples et les Tartares ont vaincu les chrétiens dans ces régions. C'est ainsi qu'elles ont été perdues par les chrétiens.
— Voir le troisième principe. L'objection porte sur la force matérielle, mais la question concerne la force spirituelle. Le peuple chrétien a été perverti et ses terres ont été perdues par suite de la défection de ses pasteurs spirituels.

4. D'où vient le meilleur et le pire exemple ?

— Du prélat ou du prince.
— Voir le quatrième principe. L'objection vaut extensivement, non intensivement.

5. Pourquoi le religieux a-t-il son propre habit ?

— Le religieux a son propre habit en signe d'humilité et de patience.

— Voir le cinquième principe. Cette signification est exacte, mais l'habit du religieux est aussi le signe de l'espérance et de la charité.

6. Le religieux est-il nécessaire à l'évêque ?

— L'évêque a tant de chanoines et de prêtres sous ses ordres que le religieux ne lui est pas nécessaire pour s'occuper des affaires de l'Église.

— Voir le sixième principe. L'objection vaut pour les affaires temporelles. Mais, comme l'évêque est occupé par elles, le religieux lui est nécessaire par ses prières, sa doctrine et son exemple.

8. Les religieux peuvent-ils posséder des biens temporels ?

— La vie religieuse signifie le renoncement au monde et l'amour du prochain. C'est pourquoi le religieux n'a nul besoin de biens temporels.

— Voir le huitième principe. L'objection vaut pour le religieux volontairement pauvre qui veut mendier. Cependant les biens sont nécessaires au religieux absorbé dans la contemplation de Dieu, qui ne peut demander l'aumône, mais veut la faire.

9. Qui ne doit pas avoir de vaine gloire ?

— Dieu préfère le riche humble au pauvre humble.

— Voir le neuvième principe. Cela est vrai pour la force, non pour la justice et l'humilité.

10. En quel état est-on le plus tenté par l'hyprocrisie ?

— L'hypocrisie tente surtout le religieux.
— Voir le dixième principe. Cela est vrai pour le religieux qui vit parmi les hommes, non pour l'ermite retiré sur une montagne, loin des hommes.

AU SUJET DE L'ERMITE

1. Qui peut avoir la meilleure compagnie ?

— Nul ne peut avoir de meilleure compagnie que le prince ou le prélat.
— Voir le premier principe concernant l'ermite. Cela est vrai pour les mondanités, non intellectuellement [7].

2. A quel état convient de préférence une vie austère ?

— La vie austère convient surtout à l'état où il est facile de pécher. Comme le clerc séculier risque de pécher plus qu'un autre homme, il doit mener une vie austère.
— Voir le deuxième principe. Cela est vrai pour le sensible, non pour l'imaginaire [8].

---

7. L'ermite est en meilleure compagnie que quiconque, puisqu'il est constamment en compagnie de Dieu.
8. L'ermite peut pécher en imagination, car il est l'objet de tentations de la part du Malin.

3. Qui est le plus apte à la contemplation ?

— Nul n'est plus apte à la contemplation que le moine cloîtré.
— Voir le troisième principe. Cela est vrai pour la patience[9].

4. L'ermite doit-il faire usage de son intelligence plus que de sa volonté ?

— Chacun doit se servir de son intelligence plus que de sa volonté, car l'intelligence oblige la volonté à aimer le bien et à se corriger du mal.
— Voir le quatrième principe. Cela est vrai pour la prudence, non pour la charité.

5. Qui doit prier le plus ?

— C'est le séculier qui doit prier le plus.
— Voir le cinquième principe. L'objection vaut pour la justice, la prudence et la charité, non pour la sensibilité mortifiée par les veilles et les prières.

6. Qui est le plus proche de Dieu ?

— Nul ne peut être aussi proche de Dieu que celui qui fait le plus de bien. Le prélat et le prince, qui ont la plus grande possibilité de faire le bien, peuvent être les plus proches de Dieu.
— Voir le sixième principe. Cela est vrai pour la vie active, non pour la vie contemplative.

9. La patience est la vertu du moine cloîtré.

7. Qui peut adresser à Dieu l'oraison la plus savante ?

— Nul ne peut faire une oraison aussi savante que le maître en théologie.
— Voir le septième principe. Cela est vrai pour la vie active. Si le maître en théologie est ermite, son oraison s'élèvera encore plus par sa contemplation.

8. Quelle personne, non séculière, doit faire une oraison commune ?

— Nul ne doit autant une oraison commune qu'un religieux cloîtré.
— Voir le huitième principe. Cela est vrai intensivement, mais l'ermite, par sa prière, intercède en faveur de ses frères.

9. Qui doit regarder le plus souvent le ciel ?

— Nul ne doit regarder le ciel plus souvent qu'un personnage public.
— Voir le neuvième principe. Il est vrai que le personnage public doit demander à Dieu de l'aider à gouverner son peuple. Mais la question concerne une personne isolée. L'ermite a l'avantage de moins penser au monde qu'un autre homme. Il doit donc regarder plus souvent le ciel.

10. Qui mène la vie la plus paisible ?

— Nul ne peut être plus en paix que le seigneur.
— Voir le dixième principe. Nous savons par expérience que personne n'a autant de souci que le seigneur[10].

10. C'est l'ermite qui mène la vie plus paisible.

AU SUJET DU CHEVALIER RELIGIEUX

1. Quelle chevalerie est parfaite ?

— La chevalerie du prince est parfaite.
— Voir le premier principe concernant le chevalier religieux. L'objection vaut pour le respect de la justice, non pour la charité.

2. Pourquoi le chevalier religieux a-t-il été établi ?

— Il a été établi pour récupérer la Terre sainte.
— Voir le deuxième principe. L'objection vaut intensivement, non extensivement. Le chevalier religieux est établi pour défendre le peuple chrétien.

3. Pourquoi le chevalier a-t-il un habit humble ?

— Il a un habit humble en signe d'humilité.
— Voir le troisième principe. Cela est vrai pour la forme, non pour la fin.

4. Le chevalier séculier peut-il être contre la chevalerie autant que le chevalier du Temple ou de l'Hôpital ?

— La chevalerie la plus éminente est celle du prince. C'est pourquoi le mauvais prince peut être le plus opposé à la chevalerie.
— Voir le quatrième principe. Cela est vrai extensivement, non intensivement.

5. Le prince doit-il aimer Dieu autant que le chevalier religieux ?

— Le prince se situe à un degré plus élevé que le chevalier religieux. Il doit donc aimer Dieu plus que le chevalier religieux.

— Voir le cinquième principe. Cela est vrai pour le caractère public de la vie active du prince. Mais le chevalier religieux doit particulièrement aimer, prier et contempler Dieu.

6. Le pape devrait-il unifier l'ordre du Temple, celui de l'Hôpital et les autres ordres militaires[11] ?

— Plus les ordres sont nombreux, plus ils ont de membres à être exaltés.

— Voir le sixième principe. L'objection concerne le nombre de chevaliers, mais elle est sans valeur pour ce qui est d'une sainte vie et d'une fin, plus aisées sous un seul uniforme que sous plusieurs.

7. Qui donne la meilleure image de la chevalerie ?

— Nul, mieux que le prince, ne donne une bonne image de la chevalerie.

— Voir le septième principe. L'objection vaut pour un ordre séculier, non pour un ordre consacré à la vie contemplative.

---

11. L'unification des ordres militaires est une des idées constantes de Lulle, qu'il n'abandonnera qu'après la condamnation des Templiers au concile de Vienne (1311-1312).

8. Quel est le chevalier le plus hardi ?

— Le chevalier le plus hardi est le prince.
— Voir le huitième principe. Cela est vrai pour le personnage public, non pour la fin de la chevalerie religieuse.

9. De la chevalerie religieuse et de la chevalerie séculière, laquelle peut être la plus hardie au combat ?

— Il est plus grave pour le chevalier séculier que pour le chevalier religieux de fuir le combat. Le chevalier séculier peut donc être plus hardi que le chevalier religieux.
— Voir le neuvième principe. L'objection vaut pour la force, non pour la justice.

10. Si un chevalier séculier et un chevalier religieux se combattent, lequel doit vaincre l'autre ?

— Le chevalier séculier, plus acharné que le religieux, doit le vaincre.
— Voir le dixième principe. L'objection vaut pour l'acharnement, non pour la charité.

11. Qui peut être placé au sommet de la chevalerie ?

— Nul ne peut être plus haut placé que l'empereur, car l'empire est le sommet de la chevalerie.
— Voir le onzième principe. Le chevalier qui commanderait tous les ordres de chevalerie et serait roi de Jérusalem serait au-dessus de l'empereur. L'objection vaudrait cependant si l'empereur était au-dessus de tous les rois chrétiens.

AU SUJET DE L'HOSPITALIER

1. Qui doit faire le plus l'aumône ?

— Le riche, plus qu'un autre, doit faire l'aumône.
— Voir le premier principe concernant l'hospitalier.
L'objection vaut matériellement, non formellement.

2. L'hospitalier doit-il demander l'aumône au prélat ou au prince ?

— Le prince est plus riche que le prélat. Aussi l'hospitalier doit lui demander l'aumône avant de la demander au prélat.
— Voir le deuxième principe[12].

3. Quel est l'homme le plus voleur ?

— Le plus voleur est celui qui vole le plus.
— Voir le troisième principe. L'objection vaut pour la matière, non pour la fin.

4. L'aumône vaut-elle autant pour l'hospitalier qui la reçoit que pour celui qui la donne ?

— Donner est plus noble que recevoir. L'aumône vaut donc plus quand on la donne que lorsqu'on la reçoit.
— Voir le quatrième principe. L'objection vaut pour la

12. Deuxième principe de l'hospitalier : « L'hospitalier rappelle aux clercs riches qu'ils doivent faire l'aumône. »

matière, non pour la fin : l'hospitalier quête pour faire l'aumône.

5. Qui fait le plus généreusement l'aumône ?

— Qui donne le plus est le plus généreux.
— Voir le cinquième principe. L'objection vaut matériellement, non formellement.

6. Quelle est la vertu principale de l'hospitalier ?

— La charité, la plus noble des vertus, est la vertu principale du chevalier.
— Voir le sixième principe. Cela est vrai extensivement, non intensivement, car l'hospitalier est porté par la pitié à s'occuper des pauvres.

7. Dans quel hospice commet-on le plus d'injustice ?

— On ne peut commettre plus d'injustice que dans l'hospice du prince où on fait plus de dépenses qu'ailleurs.
— Voir le septième principe. Tout ce que le prélat dépense ou donne injustement à ses parents est volé à l'hospice de l'hospitalier.

8. Quel est le pain le plus commun ?

— Le pain le plus distribué est le plus commun.
— Voir le huitième principe. L'objection vaut matériellement, non formellement : le pain de l'hospitalier est le plus commun.

9. De qui se souvient-on le plus après sa mort ?

— On se souvient surtout du saint ou du sage, homme de grande science.

— Voir le neuvième principe. L'objection vaut formellement, non matériellement.

10. Un prince a détruit un hospice, s'est emparé de ses biens et a tué un homme injustement. Pour lequel de ces méfaits doit-il souffrir la plus grande peine ?

— L'homme vaut plus que les biens d'un hospice. Aussi le prince aura-t-il la plus grande peine pour avoir tué un homme.

— Voir le dixième principe. L'objection vaut formellement, non pour la fin.

10

AU SUJET
DE LA HIÉRARCHIE CÉLESTE

1. L'ange bienheureux désire-t-il aimer Dieu et se souvenir de lui plutôt que le comprendre ?

— Deux facultés donnent à l'ange un désir plus grand qu'une seule.

— Voir le premier principe de l'intellection. L'objection vaut pour le nombre de facultés. Mais il est simplement demandé si l'intelligence de l'ange a un désir plus grand par son acte propre que par celui des autres facultés.

2. *L'ange est-il plus heureux par sa bonté que par son intellection ?*

— L'intellection est l'instrument de l'intelligence, rétribuée par sa bonté. Aussi l'ange est-il plus heureux par sa bonté que par son intellection.

— Voir le deuxième principe. L'objection vaut pour la rétribution, non en ce qui concerne la nature : l'ange en gloire peut naturellement comprendre Dieu et non le bonifier, mais peut bonifier son intellection.

3. *Pourquoi l'ange comprend-il Dieu surnaturellement, s'il n'a pas à avoir la foi*[1] *?*

— L'ange comprend Dieu surnaturellement pour être récompensé de la bonté de son intellection.
— Voir le troisième principe. L'objection vaut pour la bonté, non pour la grâce que Dieu fait à l'ange par l'intellection.

4. *Le bon ange comprend-il Dieu librement ?*

— L'ange ne comprend pas Dieu naturellement, mais par la grâce. Il doit donc nécessairement le comprendre.
— Voir le quatrième principe. L'objection vaut en tant que l'ange comprend surnaturellement Dieu. Mais la question est de savoir si quelque créature le contraint à comprendre Dieu.

5. *L'intelligence de l'ange peut-elle contraindre sa volonté à aimer Dieu ?*

— L'ange en gloire connaît si bien Dieu que son intelligence contraint sa volonté à aimer Dieu de sorte que celle-ci ne puisse pas ne pas aimer Dieu ni l'aimer moins qu'elle ne l'aime.

---

1. L'ange n'a nul besoin d'avoir la foi, puisqu'il est constamment en présence de Dieu.

— Voir le cinquième principe. L'objection vaut si la volonté demeure obligée par sa liberté naturelle, comme libre l'intelligence l'oblige également, les deux libertés naturelles se répondant l'une l'autre.

6. La volonté de l'ange est-elle libre de ne pas aimer ou d'aimer moins ce que l'intelligence comprend de Dieu ?

— La volonté est libre d'aimer Dieu. Elle doit donc être libre d'aimer ou non ce que l'ange comprend de Dieu.

— Voir le sixième principe. L'objection vaut pour la nature de la volonté, non pour ce que l'intelligence comprend surnaturellement de Dieu.

7. L'intellection de l'ange peut-elle être plus élevée en Dieu que l'amour de sa volonté ?

— Comme Dieu, par sa bonté et sa fin, est aussi digne d'être aimé que compris et compris autant qu'aimé, aucun ange ne peut le comprendre plus que l'aimer, ni l'aimer plus que le comprendre.

— Voir le septième principe. L'objection vaut si on compare l'intellection et l'amation de l'ange à l'intelligibilité et à l'amabilité de Dieu. Mais, comme l'intelligence peut mieux comprendre Dieu qu'elle ne peut le dire à la volonté, il y a des degrés dans les actes des facultés de l'ange.

8. L'intelligence de l'ange donne-t-elle à la mémoire et à la volonté autant de plaisir qu'elle en éprouve en comprenant Dieu ?

— Si, en comprenant Dieu, l'ange ne donnait pas à la

volonté et à la mémoire un plaisir aussi grand que celui qu'il éprouve, il serait avare et par conséquent en état de péché.

— Voir le huitième principe. L'objection vaudrait si l'ange était libre, mais il n'est pas libre de donner ce qu'il reçoit surnaturellement de Dieu par son intellection.

9. L'intelligence de l'ange peut-elle obliger la volonté et la volonté obliger l'intelligence ?

— Si l'intelligence de l'ange pouvait obliger la volonté et vice-versa, l'intelligence serait à la fois libre et dépendante, ce qui est impossible.

— Voir le neuvième principe. Il est vrai que chaque faculté est maîtresse de son acte, mais l'objection ne vaut pas pour ce qu'elle reçoit surnaturellement de Dieu.

10. Si l'intelligence oblige la volonté à aimer ce qu'elle reçoit de Dieu, la volonté a-t-elle plaisir de cette obligation ?

— Chez l'ange bienheureux, la volonté est libre. Elle ne pourrait donc avoir de plaisir si elle était forcée par l'intelligence.

— Voir le dixième principe. L'objection vaut pour la nature, non pour l'accroissement du plaisir surnaturel. Ainsi, la volonté doit aimer Dieu davantage par ce que l'intelligence lui montre.

Au sujet de l'amation de l'ange

1. L'intelligence a-t-elle sur la volonté un plus grand pouvoir que la volonté elle-même ?

— L'ange comprend si bien l'amabilité et la bonté de Dieu qu'il oblige sa volonté à aimer Dieu, de sorte qu'elle ne puisse pas l'aimer.

— Voir le premier principe de l'amation. L'objection vaut parce que l'intelligence comprend Dieu d'une manière transcendante. La volonté agit de même sur l'intelligence : elle l'oblige et la contraint à comprendre Dieu et à ne pas l'ignorer. Elle agit ainsi sous l'influence charitable de Dieu.

2. L'intelligence de l'ange désire-t-elle que la volonté ait un acte égal au sien en contemplant Dieu ?

— Comprendre est l'acte propre de l'intelligence, tandis qu'aimer ne l'est pas. L'intelligence de l'ange désire donc naturellement comprendre Dieu plutôt que l'aimer.

— Voir le deuxième principe. Comme l'intelligence comprend que, plus la volonté témoigne de l'ardeur à aimer Dieu, plus son intellection est bonifiée en Dieu, l'ange désire que son intellection et son amour soient égaux en Dieu.

3. L'intelligence et la mémoire aident-elles la volonté à exercer sur elles une influence qu'elle tient de son amour envers Dieu ?

— L'intelligence et la mémoire ne peuvent produire ou rendre l'amour, acte propre de la volonté.

— Voir le troisième principe. L'objection est valable, mais la question est de savoir si l'intelligence et la mémoire aident la volonté à aimer Dieu, pour qu'elle agisse sur elles et que toutes trois s'entraident pour leur plus grande béatitude.

*4. L'intelligence de l'ange ôte-t-elle à la volonté la liberté
d'aimer Dieu ou de ne pas l'aimer ?*

— Si l'intelligence n'ôtait pas à la volonté la liberté
d'aimer Dieu, c'est-à-dire si elle ne l'obligeait à l'aimer si
fort qu'elle ne pourrait se délier, la volonté ne pourrait être
confirmée en grâce et pourrait ne pas aimer, si elle était
libre.

— Voir le quatrième principe. L'intelligence ne doit pas
obliger la volonté à aimer Dieu pour que celle-ci soit confirmée en grâce, car Dieu lui donne autant de grâce et de
charité qu'à l'intelligence et à la mémoire, pour l'aider à
s'obliger elle-même à l'aimer. Par ce lien que la volonté se
fait librement — comme un religieux qui se lie librement
par l'obéissance — Dieu confirme définitivement la volonté
en amour et en grâce.

*5. L'intelligence et la mémoire peuvent-elles obliger la
volonté à aimer Dieu et la volonté est-elle libre de l'aimer ?*

— La nécessité et la liberté s'opposent, car la liberté se
rapporte à la contingence, non la nécessité. Si l'intelligence
et la mémoire obligeaient la volonté à aimer Dieu, celle-ci
l'aimerait de force et non librement.

— Voir le cinquième principe. L'objection vaudrait si la
volonté ne se liait pas librement et n'obligeait pas l'intelligence à comprendre Dieu et la mémoire à se souvenir de lui.

*6. L'intelligence est-elle aussi libre de comprendre Dieu
que la volonté de l'aimer ?*

— La liberté convient mieux à la volonté qu'à l'intelligence. Aussi, celle-ci n'est-elle pas aussi libre de comprendre Dieu que la volonté de l'aimer.

— Voir le sixième principe. De même que l'intelligence n'aurait pas une béatitude parfaite si la volonté était forcée d'aimer Dieu, celle-ci n'aurait pas une béatitude parfaite si l'intelligence était forcée de le comprendre, car Dieu est digne d'être aimé et compris librement. Il est faux de dire que la liberté convient mieux à la volonté qu'à l'intelligence, malgré les apparences. Si la liberté semble convenir plus à la volonté qu'à l'intelligence, c'est que la volonté veut soudainement, tandis que l'intelligence comprend progressivement. Ainsi, l'intelligence humaine est libre de comprendre ou d'ignorer l'espèce qu'elle produit, comme la volonté est libre d'aimer ou pas cette espèce. S'il n'en était pas ainsi, chaque fois que la volonté voudrait que l'intelligence comprenne ce qu'elle ne peut comprendre, celle-ci le comprendrait et n'ignorerait rien parce que la volonté le voudrait — il en serait de même pour la mémoire —, ce qui est impossible, d'après l'expérience que nous en avons.

7. L'ange peut-il être contraint en quelque sorte d'aimer Dieu ?

— Voir le septième principe[2]. Surnaturellement l'ange est obligé d'aimer Dieu, qu'il atteint par la grâce et non par son pouvoir naturel. Mais on ne peut dire qu'il soit contraint et, à aimer Dieu, il éprouve une grande gloire et une grande délectation.

8. Puisque l'intelligence est aussi apte à comprendre Dieu

___

2. L'objection manque.

que la volonté à l'aimer, celle-ci peut-elle obliger l'intelligence à comprendre Dieu ?

— Il n'y a ni supériorité ni infériorité là où il y a une égale liberté. Puisque l'intelligence et la volonté sont également libres, la volonté ne peut obliger l'intelligence à comprendre Dieu.

— Voir le huitième principe. Il est vrai que l'intelligence et la volonté sont également libres, mais une faculté peut obliger l'autre par ce qu'elle reçoit surnaturellement de Dieu.

9. *Deux anges peuvent-ils entretenir les mêmes relations que les facultés d'un même ange ?*

— Un ange ne peut avoir avec un autre ange les rapports que ses facultés ont entre elles, car elles s'obligent mutuellement, tandis qu'un ange ne peut en obliger un autre.

— Voir le neuvième principe. L'objection vaut dans l'ordre naturel. Mais, tout comme Dieu se fait comprendre surnaturellement par l'intelligence de l'ange, à un degré plus élevé que celui que l'ange peut atteindre naturellement — il en est de même de la volonté et de la mémoire —, un ange, en communion avec un autre, l'oblige, par ce qu'il reçoit surnaturellement de Dieu à vouloir, à comprendre ce que Dieu veut et à s'en souvenir.

10. *La volonté de l'ange, comme son intelligence et sa mémoire, aime-t-elle autant par la bonté que par la volonté divine ?*

— La volonté, comme les autres facultés, ne peut aimer autant par la bonté que par la volonté divine, car l'amour de l'ange ressemble plus à la volonté qu'à la bonté divine.

— Voir le dixième principe. L'objection vaut pour la nature de la volonté et de la bonté de l'ange. Mais la bonté divine exalte la volonté de l'ange dans la béatitude et, par l'infusion de la grâce, la volonté de Dieu a une action égale[3] sur elle. La volonté de l'ange est alors aussi bonne par la béatitude qu'elle est aimable par l'amour. Il en est de même de l'intelligence et de la mémoire.

AU SUJET DE LA MÉMORATION DE L'ANGE

1. La mémoire de l'ange pourrait-elle connaître la béatitude parfaite si elle ne se souvenait pas librement de Dieu ?

— La mémoire de l'ange peut connaître une béatitude et une gloire beaucoup plus grandes si elle se souvient de Dieu contrainte et forcée, et non librement, sans nécessité.

— Voir le premier principe sur la mémoration. L'objection vaut si la mémoire peut se souvenir de Dieu ou l'oublier. Mais elle ne peut oublier Dieu et elle s'en souvient librement d'elle-même et surnaturellement obligée. C'est par un tel souvenir qu'elle connaît une béatitude parfaite, que, sans lui, elle ne pourrait connaître.

2. La mémoire de l'ange se souvient-elle instantanément ou progressivement de Dieu ?

— Dieu a une essence, une nature et une éternité si grandes que la mémoire de l'ange ne peut saisir instantanément tout ce que Dieu lui représente. L'ange se souvient donc progressivement de Dieu.

3. C'est le principe de l'égalité des dignités divines.

— Voir le deuxième principe. L'objection vaut pour la nature de la mémoire de l'ange. Mais Dieu, par sa nature éternelle, se rend éviternellement, instantanément mémorable à l'ange avec tout ce qu'il lui représente de son essence, de sa nature, de son éternité et de toutes ses dignités, en transcendant la mémoire de l'ange.

3. L'intelligence de l'ange retient-elle instantanément, éviternellement, tout ce que Dieu lui représente de son essence, de sa nature et de la Trinité ?

— L'intelligence créée ne peut atteindre naturellement sa fin sans investigation ni progression. Elle ne peut donc atteindre instantanément tout ce que Dieu lui représente de lui éviternellement.

— Voir le troisième principe. L'objection vaut pour la nature de l'intelligence ici-bas, non pour sa nature dans l'au-delà où la sagesse divine, par sa nature infinie et éternelle, se fait comprendre par l'intelligence de l'ange éviternellement et instantanément.

4. La mémoire a-t-elle un avantage sur l'intelligence et la volonté ?

— Si la mémoire avait quelque avantage sur l'intelligence et la volonté, elle serait supérieure à l'intelligence et à la volonté. L'une ne comprendrait pas et l'autre ne voudrait pas. La gloire de l'ange serait donc imparfaite.

— Voir le quatrième principe. L'objection est valable dans la mesure où la nature de l'ange demande que la mémoire soit plus apte à se souvenir que l'intelligence ou la volonté. C'est pourquoi la mémoire a l'avantage de se souvenir, comme l'intelligence celui de comprendre et la volonté celui d'aimer.

5. L'intelligence et la volonté sont-elles également heureuses par ce que la mémoire reçoit en se souvenant de l'essence, de la Trinité et de la nature de Dieu ?

— L'intelligence donne les espèces qu'elle acquiert à la mémoire et celle-ci les lui rend avant de les transmettre à la volonté. C'est pourquoi l'intelligence a plus de plaisir que la volonté par ce que la mémoire reçoit de Dieu.

— Voir le cinquième principe. L'objection vaut pour l'ordre des facultés de l'âme où il y a succession dans le temps, non pour l'ordre des facultés de l'ange, car il n'y a en lui ni succession ni contingence.

6. L'intelligence a-t-elle un aussi grand repos dans l'objet mémoré ou dans l'objet compris ?

— Le souvenir est l'objet propre de la mémoire, la compréhension celui de l'intelligence. L'intelligence doit donc avoir un plus grand repos dans l'objet compris que dans l'objet mémoré.

— Voir le sixième principe. L'objection vaut pour ici-bas, suivant l'ordre naturel, non pour l'au-delà où l'ordre est surnaturel.

7. La mémoire peut-elle obliger et forcer l'intelligence à comprendre et la volonté à aimer sa mémoration et son souvenir ?

— L'intelligence et la volonté sont libres de leurs actes.

La mémoire ne peut donc les obliger à comprendre et à aimer son acte et son objet.

— Voir le septième principe. L'objection vaut pour l'acte et l'objet ici-bas, non dans l'au-delà où l'objet et l'acte sont surnaturels et la fin idéale de la mémoire.

8. L'intelligence et la volonté sont-elles forcées par la mémoire de recevoir l'objet qu'elle reçoit ?

— L'intelligence ne peut forcer la volonté à recevoir l'objet de son intellection, ni la volonté forcer l'intelligence à recevoir son amour. Elles peuvent encore moins être forcées par la mémoire à recevoir son souvenir.

— Voir le huitième principe. L'objection vaut pour l'ordre surnaturel dans l'au-delà.

9. La mémoire de l'ange en gloire est-elle libre de se souvenir grâce à l'éternité divine ou grâce à sa liberté naturelle ?

— Il est plus normal de se servir de ses aptitudes propres que d'aptitudes empruntées. La mémoire doit donc être libre de se souvenir grâce à sa liberté plutôt que grâce à l'éternité divine.

— Voir le neuvième principe. L'objection ne vaut pas pour la puissance et la vertu infinies.

10. La mémoire amène-t-elle librement l'intelligence à comprendre Dieu et la volonté à l'aimer ?

— En tout sujet où il y a cause et causé, le causé ne peut être libre.

— Voir le dixième principe. Il est vrai que la mémoire

amène l'intelligence à comprendre Dieu et la volonté à l'aimer. Mais l'objection ne vaut pas, car, l'influence de Dieu mise à part, la liberté est naturellement commune à l'intelligence, à la volonté et à la mémoire.

11

AU SUJET DE JÉSUS-CHRIST

1. Dieu peut-il créer une créature où toutes les fins créées auraient un repos naturel ?

— Dieu ne peut créer une telle créature. Une créature n'est en effet ni plus noble ni meilleure qu'une autre, toutes deux venues du non-être à l'être et n'existant pas d'elles-mêmes, mais par Dieu et pour son service. Toute créature, quelle qu'elle soit, est aussi différente d'une autre, opposée à une autre ou à plusieurs, et toutes ensemble ont une bonté, une puissance et une vertu plus grandes qu'une seule.

— Voir le premier principe. L'objection vaut si on compare deux créatures entre elles, non si on considère une créature unie à la nature divine, fin naturelle de toutes les créatures qui communient avec elle.

2. Dieu peut-il créer une bonté, fin de toutes les bontés créées ?

— Dieu ne peut créer une bonté opposée à la sienne : il

opposerait ainsi un mal à un bien, ce qui est impossible. Dieu est bon simplement. Tout ce qu'il a créé, il l'a créé avec sa bonté et pour le bien. Ce serait un mal si Dieu créait des bontés pour une seule fin créée. Toutes seraient privées de la meilleure fin, la bonté divine, n'étant pas créées pour elle.

— Voir le deuxième principe. L'objection vaudrait si la bonté divine n'était pas unie à la bonté humaine par l'Incarnation. La bonté humaine de Jésus-Christ unie à la bonté divine peut être la fin de toutes les bontés créées.

3. La bonté créée de Jésus-Christ vaut-elle plus que les autres bontés créées ?

— Une bonté créée ne peut valoir plus que les autres. Si elle valait plus, elle devrait être plus grande que le ciel et la terre, ce qui est impossible.

— Voir le troisième principe. L'objection vaut si l'on compare des quantités entre elles, non si l'on compare une quantité créée à la bonté, à la grandeur et à l'éternité infinies.

4. Les vertus humaines de Jésus-Christ sont-elles plus parfaites dans le suppôt divin qu'en elles-mêmes ?

— Tout être est naturellement plus parfait en lui qu'en un autre, sinon il serait plus soutenu dans l'autre sujet qu'en lui-même, ce qui est impossible.

— Voir le quatrième principe. L'objection vaut pour les créatures non unies à la nature divine.

5. Est-il nécessaire que Dieu communie parfaitement avec son effet ?

— Il n'est pas nécessaire que Dieu communie parfaitement avec son effet. Si cela était, Dieu se serait incarné par nécessité et l'incarné serait à la fois uni et opposé à tous les hommes et à toutes les créatures, ce qui est impossible.

— Voir le cinquième principe. Dieu s'est incarné pour communier parfaitement avec son effet. S'il pouvait communier parfaitement avec son effet en s'incarnant et s'il n'avait pas voulu s'incarner, il n'aurait pas aimé la fin et la bonté parfaites de son effet. Mais ce n'est pas pour cela qu'il l'a fait. Il a voulu s'incarner pour être la cause de la fin et de la bonté parfaites de son effet. En s'incarnant, il a voulu être la cause et son propre effet, Dieu fait homme, créé par Dieu. Il est faux de dire que Dieu n'est pas nécessairement uni à tous les hommes et à toutes les créatures. Son incarnation serait alors confuse, sans forme ni ordre, opposée à la fin principale de son effet, qui peut être plus grand si un seul homme et non plusieurs est la fin de toutes les créatures : aucune créature ne peut en effet être une fin, si Dieu s'unit à toutes. Plusieurs hommes ne pourraient être dans le suppôt divin[1], tandis qu'un seul peut l'être. Il est faux de dire que Dieu s'est incarné par nécessité, car il y a accord entre sa sagesse, sa bonté, sa grandeur, sa puissance, sa vertu et sa volonté. La sagesse sait que la plus grande fin que la créature puisse avoir dans la bonté, la grandeur, etc., est Dieu incarné. La volonté divine le veut librement, la bonté vertueusement, comme la sagesse divine le sait bien et vertueusement.

6. Dieu peut-il, sans l'Incarnation, satisfaire naturellement aux fins des créatures corporelles ?

— Dieu a une bonté, une fin et une puissance infinies,

---

1. Jésus-Christ est sujet et suppôt divin. Voir ci-dessus chap. 7, note 4.

grâce auxquelles il peut, sans aide ni intermédiaire, satisfaire aux fins des créatures. Aussi n'a-t-il nul besoin de s'incarner dans ce but.

— Voir le sixième principe. L'objection vaut si l'on considère simplement les dignités divines. Mais, comme Dieu n'est ni visible ni imaginable, qu'il est sans couleur et incorporel, il ne peut, sans l'Incarnation, satisfaire aux fins de la créature, c'est-à-dire à la sensibilité et à l'imagination, qui ne pourraient reposer naturellement en lui, puisqu'il ne pourrait être pour elles un objet naturel s'il n'avait assumé l'humanité. Elles seraient privées de leur fin ou l'auraient principalement dans les créatures et ne seraient pas créées pour Dieu, mais pour les créatures, ce qui est impossible : Dieu a créé les créatures principalement pour lui et pour son service. Mais, comme Dieu s'est fait homme pour que l'homme soit Dieu et Dieu homme, la sensibilité, l'imagination et les autres facultés considèrent l'homme-Dieu comme leur fin. C'est pourquoi l'homme-Dieu est l'intermédiaire et l'instrument par lequel et avec lequel Dieu sera, après la résurrection générale, la fin de la faculté sensible et des autres facultés, excepté de celles des corps des damnés.

7. La nature divine de Jésus-Christ est-elle humaine et celle-ci est-elle divine ?

— Si, dans le même suppôt appelé Jésus-Christ, Dieu est homme et l'homme est Dieu, les deux natures sont permutables dans l'unité, pour autant que la nature divine est humaine et la nature humaine divine, puisque Dieu est homme et l'homme Dieu. Si Dieu ne pouvait être homme ni l'homme Dieu, le Christ serait un troisième nombre, ni Dieu ni homme. Ainsi, l'homme Martin est un troisième nombre, différent de l'âme et du corps, car ni l'âme ni le corps seuls ne sont l'homme et Martin est troisième, puisqu'il n'est ni l'âme ni le corps seulement.

— Voir le septième principe. L'exemple donné ne vaut que pour la nature créée. Mais, tandis que l'homme est naturellement homme, le Christ est homme dans le suppôt divin. Il est homme dans la nature divine et Dieu dans la nature humaine, et il est un seul suppôt. La nature divine et la nature humaine ne sont pas permutables dans l'unité, car la nature finie ne peut exister sans quantité et la nature infinie ne peut être finie, etc.

8. L'homme Jésus-Christ est-il ce qu'il est par sa nature humaine ou par la personne divine appelée Dieu le Fils ?

— En toute nature l'être est l'acte de l'essence et le concret qui la soutient. C'est pourquoi l'homme Jésus-Christ est de nature humaine, car il est son acte en lequel elle est soutenue.

— Voir le huitième principe. L'objection vaut pour la créature simple. Mais l'homme Jésus-Christ est l'acte et l'effet du suppôt de deux natures, incréée et créée, et le suppôt divin qui, de lui-même, le fait être homme, de nature humaine. Il en est ainsi pour qu'il y ait un seul suppôt et non deux, ce qui se produirait si l'humanité était homme et la déité Dieu. Mais, comme Dieu se fait lui-même homme, de nature humaine, il est le suppôt unique de deux natures, divine et humaine.

9. Dieu incarné est-il en tout lieu, en dehors d'un lieu et sans quantité ?

— Le même homme, être fini, ne peut être en tout lieu,

sans quantité. Dieu ne peut donc être homme en tout lieu et sans quantité.

— Voir le neuvième principe. L'objection vaudrait si Dieu s'était fait homme naturellement comme un autre homme. Mais Dieu est infini, sans quantité ; il est par essence en tout lieu et au-delà d'un lieu. Il s'est fait homme en son essence infinie ; il peut être homme en tout lieu, au même instant et en dehors d'un lieu, sans quantité ni limite.

10. Le corps de Jésus-Christ peut-il être en même temps sur la terre et au ciel ?

— A supposer que le corps de Jésus-Christ soit aussi grand que le corps de l'homme le plus grand, il ne pourrait être au même moment au ciel et sur la terre, ou bien il faudrait qu'il soit aussi grand qu'eux.

— Voir le dixième principe. L'objection vaut pour le corps placé en un lieu. Mais Dieu, être infini qui s'est fait homme, est homme en tout lieu. Le corps de Jésus-Christ peut donc, surnaturellement et sacramentellement, être au même instant au ciel et sur la terre.

12

AU SUJET DE L'ESSENCE DIVINE ET DE LA TRINITÉ

1. L'essence et la nature de Dieu ont-elles leurs actes ?

— Si l'essence et la nature divines avaient leurs actes, Dieu pourrait se donner son essence et sa nature, ce qui est impossible. Si, en effet, il se donnait son essence et sa nature, il pourrait se produire lui-même, et, dans ce cas, il pourrait être avant d'être, ce qui est contradictoire.

— Voir le premier principe. Il est vrai qu'un être ne peut se produire lui-même. Mais Dieu le Père produit Dieu le Fils par la nature de son essence, par les actes de son essence et de sa nature, sans lesquels il ne pourrait donner son essence et sa nature à son Fils. L'essence et la nature de Dieu doivent donc avoir leurs actes, pour que Dieu le Père puisse engendrer le Fils.

2. La vie, l'essence et la nature sont-elles égales en Dieu, alors qu'elles sont une seule et même chose ?

— Il ne peut y avoir d'égalité dans la substance où

l'essence, la vie et la nature sont permutables. L'égalité ne peut exister en effet qu'entre deux choses distinctes.

— Voir le deuxième principe. L'objection vaut si l'on considère abstraitement l'essence, la vie et la nature divines. Mais les actes intrinsèques sont égaux chez les personnes divines, distinctes par leurs actes respectifs qui font que l'essence, la vie et la nature sont égales.

3. L'essence, la vie et la nature divines concordent-elles ?

— Pour qu'il y ait concordance, il doit y avoir distinction. Comme on ne peut distinguer entre l'essence, la vie et la nature divines, il ne peut y avoir de concordance entre elles.

— Voir le troisième principe. Je réponds à cette objection comme j'y ai déjà répondu[1]. Si l'essence, la vie et la nature divines ne concordaient pas, elles n'auraient pas de quoi se distinguer de la contrariété et elles seraient alors proches de la contradiction.

4. Le naturable et le naturé sont-ils permutables dans l'essence divine ?

— Le naturable et le naturé ne sont permutables en aucune essence, car le naturable implique disposition et idée du futur, le naturé l'acte accompli.

— Voir le quatrième principe. L'objection vaut pour la créature, non pour l'être éternel et infini où le naturable est acte éternel et infini et le naturé un accompli permanent.

---

1. Voir ci-dessus, chap. 2.

5. *L'essence et la sagesse de Dieu sont-elles égales ?*

— L'essence et la sagesse de Dieu ne peuvent être égales, car l'essence divine n'a pas d'acte, tandis que la sagesse en a un.

— Voir le cinquième principe. Il est faux de nier l'acte de l'essence divine, car elle ne pourrait alors engendrer la vertu d'être. L'essence et la sagesse seraient distinctes en nombre, puisque la sagesse aurait de quoi comprendre, tandis que l'essence ne pourrait avoir son acte. Je ne dis pas que l'essence essencie, mais je dis que le Père, essence de lui-même, essencie le Fils en lui donnant son essence autant qu'il l'engendre.

6. *Comprendre et aimer ont-ils de quoi concorder dans l'essence divine ?*

— Comprendre et aimer ne peuvent concorder dans l'essence divine, car ils sont un seul et même nombre.

— Voir le sixième principe. Il est vrai que comprendre et aimer sont un par essence, mais ils doivent avoir de quoi concorder. Si, en effet, ils concordent dans la génération et la spiration, la sagesse peut mieux comprendre la volonté et la volonté mieux aimer la sagesse. De même, sans concorder ni distinguer dans la génération et la spiration, la sagesse ne pourrait comprendre ni la volonté aimer. Elles ne pourraient concorder, ce qui serait un mal.

7. *La nature a-t-elle un acte dans l'essence divine ?*

— La nature ne peut avoir d'acte dans l'essence divine, car l'acte accroît et multiplie, alors que l'essence est éternelle et infinie.

— Voir le septième principe. Il est faux que le naturer ne vaille pas l'éternel et l'infini. Si, dans l'essence de Dieu il n'y avait pas le naturer, la nature de l'essence serait différente de sa vie, par laquelle il a le vivre. De même, Dieu n'aurait ni un comprendre ni un aimer naturels, ce qui est impossible.

8. Dieu a-t-il créé le monde à partir du néant[2] ?

— Le néant n'est rien. Du néant rien ne peut être. Il y aurait contradiction si Dieu avait pu créer le monde de rien, car celui-ci serait de rien et de quelque chose en même temps.

— Voir le huitième principe. Il est vrai que Dieu n'a pu créer le monde à partir du néant. Mais Dieu, en qui la puissance, la volonté, l'essence, la vie et la nature sont égales et identiques, a pu vouloir que le monde qui n'était pas existât. Il a donc pu créer le monde de rien, c'est-à-dire qu'il a pu lui donner l'être, un être que le monde n'avait pas.

9. L'essence et la gloire de Dieu sont-elles identiques ?

— L'essence et la gloire de Dieu ne sont pas identiques, car la gloire a son acte, l'essence pas.

— Voir le neuvième principe. L'objection est sans valeur : la gloire de Dieu est son essence, son essence est sa gloire et toutes deux sont un seul nombre.

---

2. Création *ex nihilo*.

10. L'essence de Dieu a-t-elle le parfaire ?

— L'essence de Dieu ne peut avoir le parfaire, car elle est parfaite. Parfaire implique une essence encore imparfaite.

— Voir le dixième principe. L'objection vaut pour une essence créée, non pour une essence incréée, dans laquelle le parfaire et la perfection sont permutables, comme la vie et le vivre, la volonté et l'aimer.

11. La bonté divine a-t-elle son acte ?

— La bonté divine ne peut avoir d'acte, car Dieu est éternellement et infiniment bon par lui-même. Si sa bonté avait un acte, ou bien il serait bon alors qu'il ne l'était pas, ou bien il ferait bon un autre lui-même, ce qui est impossible.

— Voir le onzième principe. Il est vrai que Dieu ne se fait pas bon formellement, car il est éternellement et infiniment bon. Mais il se fait bon finalement, en tant que Dieu le Père produit le Fils, et le Père et le Fils se font bons en produisant le Saint-Esprit. Ces deux modes de bonté — il en va de même de la grandeur et des autres dignités — doivent être en Dieu : il doit être bon formellement et en raison de sa fin. Sans ces deux modes il ne pourrait être parfaitement bon, comme l'homme ne peut être parfait sans bonté naturelle et morale.

12. La vie divine a-t-elle nécessairement son acte ?

— L'acte est nécessaire dans la vie de l'homme, sinon elle ne pourrait se maintenir. Il en est de même des animaux et des plantes, chez qui les actes premiers ne peuvent être maintenus sans les seconds[3]. Mais, comme Dieu est absolument parfait, l'acte n'est pas nécessaire à sa vie, parfaite, éternelle, infinie.

— Voir le douzième principe. Dieu n'a pas besoin, il est vrai, d'acte qui maintienne la vie pour transformer une essence en une autre. Mais la vie doit être formellement et finalement en Dieu et être en acte pour avoir éternellement et infiniment le « vivifier » et le « vivifié ». Ainsi, la volonté de Dieu, éternelle et infinie, veut pour avoir finalement du « voulu », sans quoi elle serait imparfaite et oisive.

13. En Dieu le vivre procède-t-il de la vie ?

— Le vivre et la vie sont en Dieu essentiellement une seule et même chose. Le vivre ne procède donc pas de la vie. S'il en était autrement, le vivre et la vie seraient différents, ce qui est impossible.

— Voir le treizième principe. Il est vrai que le vivre et la vie sont essentiellement une seule et même chose en Dieu. Mais le vivre doit être l'acte du vivant, comme l'aimer est l'acte de l'être aimant, et le médiateur entre le « vivifiant », le « vivifiable » et le « vivifié ». Ainsi, Dieu le Père vivifie de sa vie le Fils vivant : il l'engendre vivant de sa vie, éternellement et infiniment.

14. Naturer est-il nécessaire à la nature divine ?

— Naturer c'est donner une nature à celui qui n'en a pas. Dieu a de lui-même sa nature. Le naturer ne lui est donc pas nécessaire.

3. Sur les actes premiers et les actes seconds, voir ci-dessus chap. 6, note 1.

— Voir le quatorzième principe. Dieu ne pourrait donner une nature aux créatures s'il n'avait pas de quoi la leur donner. C'est ainsi qu'il leur donne la bonté par sa bonté naturelle. Pour donner aux créatures le naturer, il faut qu'il l'ait dans sa nature, sans quoi il ne pourrait pas créer la nature ni la donner aux créatures. Il en est de même de la créature qui ne peut aimer si elle n'a pas en elle-même l'aimer. Si Dieu a le naturer pour naturer la nature créée, il l'a encore plus pour donner sa nature à son Fils. Sans ce naturer il ne pourrait le naturer, comme sans l'aimer il ne pourrait l'aimer.

15. La puissance divine a-t-elle un possifier naturel ?

— La puissance divine ne peut avoir un possifier naturel. Si cela était, elle ne ferait rien surnaturellement, mais ferait tout naturellement. Comme elle agit surnaturellement, elle n'a donc pas un possifier naturel.

— Voir les quinzième et seizième principes. L'objection est sans valeur, car Dieu doit nécessairement se comprendre et s'aimer grâce à sa puissance naturelle qui doit avoir un possifier naturel. Sans celui-ci, en effet, la volonté divine n'aurait pas de raison d'avoir un aimer naturel, sa sagesse un comprendre naturel, sa bonté n'aurait pas de raison de faire le bien, tout comme sa grandeur de faire le grand, etc. Il est faux de dire que Dieu ne pourrait rien faire surnaturellement, car il a en lui une puissance naturelle, grâce à laquelle il peut agir librement, sans aucune contrainte, sur la créature.

16. L'être de Dieu est-il nécessaire sans possifier ?

— Être Dieu est nécessaire par soi et Dieu n'a nul besoin de se possifier ou de possifier autrui. S'il en était ainsi, son être ne lui serait pas nécessaire.

— Voir le seizième principe. Il est vrai que Dieu n'a pas à se possifier, si l'on entend par là que son être est nécessaire. Mais l'objection ne vaut pas pour les actes intrinsèques de ses dignités. Ainsi, la volonté divine doit nécessairement aimer, la sagesse doit nécessairement comprendre, la gloire glorifier, etc., afin de ne pas être oisives et d'avoir des actes aussi grands qu'elles-mêmes, actes qu'elles ne pourraient accomplir sans un possifier commun à toutes.

17. Par quelle nature Dieu est-il immortel ?

— Dieu est immortel parce qu'il est naturellement la vie éternelle et infinie.

— Voir le dix-septième principe. Il est vrai que Dieu est immortel par essence et par nature. Il est aussi immortel parce que sa vie a l'acte de vivre, sans lequel il serait mort, car la vie ne peut être sans le vivre.

18. Par quelle nature Dieu est-il incorruptible ?

— Dieu est incorruptible, parce qu'il est une essence simple qui ne provient pas de contraires.

— Voir le dix-huitième principe. La réponse est correcte. Cependant, comme la génération est en Dieu, il est plus éloigné de la corruption qu'il ne le serait sans la génération ; et comme l'essence divine est celle de personnes éternellement et infiniment concordantes, il est éminemment éloigné de la contrariété, opposée à la concordance et en accord avec la corruption.

19. Que se produirait-il si l'éternité n'avait pas l'éterniser ?

— Si l'éternité n'avait pas l'éterniser, elle serait oisive, comme le seraient la puissance qui n'aurait pas le possifier et la volonté qui n'aurait pas le vouloir.

— Voir le dix-neuvième principe. La réponse est correcte, mais on peut dire encore que si l'éternité, la volonté et la puissance ne pouvaient accomplir d'actes, rien ne pourrait durer.

20. Si l'on ôtait son acte à l'infinité, y aurait-il en elle un mal infini, comme il y aurait une ignorance infinie dans la sagesse de Dieu privée de son acte ?

— On ne peut ôter son acte à l'infinité de Dieu, sans quoi elle ne pourrait être.

— Voir le vingtième principe. L'objection vaut pour le fini, non pour l'infini. L'« infini », l'« infinissant » et l'« infinissable », l'« aimer » et le « comprendre » infinis sont infinis en Dieu par l'essence infinie et par la bonté, la grandeur, l'éternité, etc. infinies.

FINALITÉ DES PRINCIPES
DE THÉOLOGIE

Comme il est très nécessaire que la très sainte divine Trinité soit connue et aimée dans le monde et qu'elle n'y est guère aimée, le peuple chrétien doit être tenu de la connaître et de l'aimer, digne qu'elle est d'être servie et honorée par son peuple, ce qui exige de celui-ci une grande élévation de pensée et de volonté. C'est pourquoi je me suis efforcé autant que je l'ai pu, et avec l'aide de Dieu, d'écrire ces *Principes de théologie*. Je les ai appliqués à la sainte divine Trinité, ainsi qu'aux autres articles de la sainte foi chrétienne dont il a été donné quelques exemples. Si nous avons erré en quelque chose, c'est par ignorance et inconscience, comme nous l'avons déjà dit au début[1]. C'est pourquoi nous soumettons ce livre à la correction de la sainte Église romaine.

Qui pourrait prouver la divine Trinité aux Sarrasins les amènerait facilement à accepter les autres articles, comme la divine Incarnation que leur religion les prépare à croire. Mahomet dit en effet que Jésus-Christ est esprit et Verbe de Dieu, qu'il est né de femme vierge par l'Esprit Saint[2].

---

1. Voir ci-dessus le préambule aux *Principes*.
2. *Coran*, sourate XIX (Marie), versets 17, 19-20 ; sourate XXI (Les prophètes), verset 91.

Les Sarrasins affirment qu'il est vivant au ciel, qu'il est le meilleur homme qui ait jamais été et qui sera jamais. Ils pensent encore que Notre Dame sainte Marie conçut vierge, enfanta vierge et qu'elle est une sainte dame. Ils disent que saint Pierre et saint Paul, tous les apôtres et leurs disciples, ont été des saints et sont au Paradis. Or, ces Sarrasins, si proches de nous par leur foi, pourraient être facilement convertis, si on leur faisait découvrir la sainte Trinité que Mahomet nie dans le *Coran*[3]. La Trinité prouvée, les philosophes et les sages sarrasins reconnaîtraient que Mahomet ne peut être prophète, puisqu'il nie des vérités sur Dieu. D'ailleurs les philosophes et les autres sages sarrasins ne croient pas que Mahomet ait été prophète, parce que le *Coran* et sa *Vie*[4] contiennent nombre d'inconvenances et de péchés qui ne lui permettent pas d'être prophète. Ainsi, ces philosophes et ces sages seraient bientôt convertis. Ce but atteint, les chrétiens pourraient, grâce à eux, convertir les autres Sarrasins. Et qui pourrait convertir le peuple sarrasin pourrait convertir les autres infidèles, qui vivent dans l'ignorance.

Pour convertir les Sarrasins il faudrait s'efforcer de prouver l'égalité des actes des dignités divines, comme nous l'avons fait dans ces *Principes*. Les Sarrasins ne veulent pas en effet se contenter seulement de comprendre ce qu'est la Trinité et de l'aimer. Quand on veut leur prouver la production des personnes en Dieu, on dit que Dieu en se comprenant lui-même conçoit une parole qui est le Fils. Ils répon-

---

3. *Coran*, sourate IV (Les femmes), verset 171 : « Le Messie, Jésus fils de Marie, est seulement l'apôtre d'Allah, Son Verbe jeté par Lui à Marie est un Esprit de Lui. Croyez en Allah et en Ses apôtres et ne dites point : "Trois !" Cessez ! » ; sourate V (La table), verset 73 : « Mécréants sont ceux qui disent : "Dieu est le troisième d'une Trinité". Il n'est pas de divinité sans qu'elle soit unique. »

4. *Hadith* : relation des actes et des paroles de Mahomet et de ses compagnons. Voir El Bokharî, *L'Authentique tradition musulmane*. Choix de hadiths. Trad., introd. et notes par G.-B. Bousquet, Paris, 1964. El Bokharî (810-870).

dent que cela ne s'ensuit pas naturellement et donnent en exemple un homme qui comprend qu'il est homme, mais ne produit ni ne conçoit un homme par son intellection et son appréhension de lui-même ; il n'y a nulle distinction entre celui qui se comprend et le compris, car celui qui se comprend c'est lui-même et le compris. Ils font la même objection à la production du Saint-Esprit par amour, car l'homme qui s'aime est lui-même et l'aimé. Mais ils ne peuvent se défendre si l'on s'aide des dignités de Dieu et de leurs actes, comme nous l'avons montré dans ce livre par les principes, leurs conséquences et les réponses aux questions. C'est pourquoi il serait bon d'utiliser les actes des dignités divines dans les discussions. Je l'ai expérimenté, car je sais l'arabe. J'ai discuté avec les philosophes sarrasins[5] et ils n'ont pu rejeter les actes des dignités divines ni refuser la Trinité en Dieu. Voyant que je la leur prouvais, en répondant à leurs objections et en posant des principes qu'ils ne pouvaient réfuter, les sages sarrasins croyaient en cette Trinité, celle que tient pour vraie la sainte Église de Rome.

Ils disaient cependant que je n'étais pas chrétien, mais hérétique, objectant que les chrétiens ne croient pas à cette Trinité-là. Les Sarrasins pensent en effet que nous croyons en une Trinité commencée dans le temps, non éternelle. Ils disent que nous croyons qu'en prenant la nature humaine Dieu a partagé son essence en trois parties : une partie est Dieu le Père, une autre Dieu le Fils, l'autre Dieu Saint-Esprit ; que le Fils est descendu sur terre pour s'incarner et que, présentement, il n'est pas au ciel, que le Père demeure au ciel et que le Saint-Esprit est descendu sur terre pour inspirer Notre-Dame. Ils s'imaginent ainsi notre croyance, rap-

---

5. « Je sais l'arabe » : c'est un fait reconnu. Lulle a appris l'arabe d'un esclave musulman qu'il a eu à son service pendant neuf ans. Il a pu discuter avec des musulmans à Majorque même et à Tunis. Il discutera encore avec eux lors de son séjour à Bougie (1307-1308) et de son dernier séjour à Tunis (1314-1316).   /

portée par certains chrétiens, ignorants, qui vivent parmi eux. Les Sarrasins pensent alors que nous croyons nombre de sottises, ce qui est faux. C'est pourquoi les savants et les docteurs de la sainte Église doivent avoir mauvaise conscience de ne pas faire connaître la vérité de la sainte Trinité et des autres articles de la foi aux savants sarrasins, car si ceux-ci savaient que nous croyons les articles de la foi chrétienne tels que nous les croyons, de nombreux Sarrasins se feraient facilement chrétiens.

Reste encore un autre grand et grave péril : ceux qui pourraient expliquer la sainte foi catholique sont paresseux et timorés. Quand on prie les Sarrasins d'être chrétiens, ils demandent s'ils le seront en l'Église latine ou grecque, ou s'ils embrasseront la foi des jacobites ou des nestoriens[6], car ils ne savent pas qu'elle est la vraie foi, celle des vrais chrétiens ou celles des schismatiques. C'est pourquoi les catholiques, et particulièrement les docteurs latins, doivent s'entendre avec les schismatiques pour les amener à s'unir à l'Église catholique[7]. De cette manière, par la grâce de Dieu, le monde entier se convertirait rapidement et vivrait convenablement. Dieu accueillerait beaucoup d'âmes au paradis et les sièges y seraient bientôt tous occupés. Lors du jugement dernier, les portes de l'enfer seraient fermées, ouvertes seulement aux damnés, comme la mer pour recevoir les eaux, et que Dieu garde pour ceux qui ont le pouvoir d'agir et ne font pas preuve de diligence.

6. Jacobites = membres de l'Église syrienne, fondée par Jacques Baradée (VIᵉ siècle). Les Jacobites sont des monophysites, c'est-à-dire qu'ils professent l'unité de nature du Christ incarné, sa nature humaine étant absorbée dans la nature divine. Nestoriens = disciples de Nestorius (v. 380-451), pour qui les deux natures du Christ sont séparées. Condamné par le concile d'Éphèse (431). Voir DENZINGER-SCHÖNMETZER, *Enchiridion Symbolorum*, 36ᵉ éd., n. 250-264.

7. L'union de l'Église grecque et de l'Église latine a été le principal sujet du concile de Lyon II (1274). Convoqué par Grégoire X, il a rétabli (de façon précaire) l'union avec les Grecs, qui reconnaissaient, outre la vérité et la légitimité du *Filioque*, la primauté de Rome, « sacrosancta Roma Ecclesia, mater omnium fidelium et magistra » (DENTZINGER-SCHÖNMETZER *Enchiridion*, 36ᵉ éd., n. 850).

BIBLIOGRAPHIE

ÉDITIONS

En catalan : *Obres. Edició original*, 21 vol., Palma, 1906-1950. *Obres essencials*, 2 vol., Barcelone, 1957-1960. Coll. « Els Nostres Clàssics », 12 vol., Barcelone, 1928-1981. *Antologia filosofica*, introd. et notes de M. Batllori, Barcelone, 1984.

En latin : *Opera omnia*, 8 vol., Mayence, 1721-1742 (réimpr. Francfort, 1965). *Opera latina*, Palma, Turnhout, 1959-1987, 17 vol. parus.

En espagnol : *Obras literarias*, Madrid, B.A.C., 1948. *Antología de R.L.*, 2 vol., Madrid, 1961.

En français : *Livre de l'ami et de l'aimé*, Paris, 1960. *Livre des bêtes*, éd. A. Llinarès, Paris, 1964 ; éd. G.-E. Sansone, Bari, 1964. *Livre du gentil et des trois sages*, éd. A. Llinarès, Paris, 1966. *Lulle : Arbre de philosophie d'amour*, éd. L. Sala-Molins, Paris, 1967. *Doctrine d'enfant*, éd. A. Llinarés, Paris, 1969. *Livre d'Evast et de Blaquerne*, éd. . Llinarès, Paris, 1970. *Livre de l'ordre de chevalerie*, éd. V. Minervini, Bari, 1972. *Arbre des exemples*, éd. A. Llinarès, Paris, 1986. *Traité d'astrologie*, éd. A. Llinarès, Paris, 1988.

En anglais : Blanquerna, éd. E. Allison Peers, Londres, s.d. *Selected Works of R.L. (1232-1316)*, éd. A. Bonner, 2 vol., Princeton, 1984.

OUVRAGES DE RÉFÉRENCE

Brummer R., *Bibliographia lulliana : R.L. Schriftum 1870-1973*, Hildelsheim, 1976 (1 331 titres recensés).

Colom Mateu M., *Glossari general lul.lià*, 5 vol., Palma, 1982-1985.

ÉTUDES

Aos Braco C., *La imaginación en el sistema de R.L.*, « Estudios Lulianos » n° 23 (Palma, 1979), p. 155-183.

Bonner A., *Problemes de cronologia lul.liana*, *ibid.*, n° 21 (1977), p. 35-38 ; p. 221-224. *Notes de bibliografia i cronologia lul.lianes*, *ibid.*, n° 24 (1980), p. 71-86.

Brummer R., *L'enseignement de la langue arabe à Miramar : faits et conjectures*, *ibid.*, n° 22 (1978), p. 37-48.

Canals Vidal F., *El principio de conveniencia en el núcleo de la metafísica de R.L.*, *ibid.*, n° 22 (1978), p. 199-207.

Carreras Artau T. et J., *El escolasticismo popular : R.L.*, dans *Historia de la filosofiá espanola. Filosofía cristiana de los siglos XIII al XV*, 2 vol., Madrid, 1939-1943.

Cruz Hernandez M., *El pensamiento de R.L.*, Madrid, 1977.

Garcias Palou S., *El Miramar de R.L.*, Palma, 1977 ; *R.L. y el Islam*, Palma, 1981 ; *R.L. en la historia del ecumenismo*, Barcelone, 1986.

Gayà J., *La teoria luliana de los correlativos : historia de su formación conceptual*, Palma, 1979.

Llinarès A., *R.L. philosophe de l'action*, Paris, 1964 ; *R.L.*, 2ᵉ éd., Barcelone, 1987 ; *Références et influences arabes dans le Libre de contemplació*, « Estudios Lulianos » n° 24 (1980), p. 109-127 ; *R.L.*, Palma, 1983 ; *Sens et portée de l'Ars generalis ultima de Lulle*, « Studia historica et philologica in honorem M. Batllori », Rome, 1984, p. 851-866.

Id., Gondras A.J., *R.L. Affatus*, « Archives d'histoire doctrinale et littéraire du M. A. », Paris, 1985, p. 269-297.

Longpré E., *Lulle Raymond (Le Bx)*, dans *Dictionnaire de théologie catholique* t. 9 (1926), col. 1972-1141.

MENDIA B., *La apologética y el arte lulianas a la luz del agustinismo medieval*, « Estudios Lulianos » n° 22 (1978), p. 209-239.

MERLE H., *Dignitas : signification philosophique et théologique de ce terme chez Lulle et ses prédécesseurs médiévaux*, *ibid.*,n° 21 (1977), p. 258-266.

NICOLAU M., *Motivación misionera en las obras de R.L.*, *ibid.*, p. 117-130.

PLATZECK E.-W., *R.L. : sein Leben, seine Werke, die Grundlagen seines Denkens (Prinzipienlehre)*, 2 vol., Rome-Düsseldorf, 1962-1964.

SALA-MOLINS L., *La Philosophie de l'amour chez R.L.*, Paris-La Haye, 1974.

STÖHR J., *Las « rationes necessariae » de R.L. a la luz de sus últimas obras*, « Estudios Lulianos » n° 20 (1976), p. 5-52 ; *Missionsvorstellung in Llulls Spätschriften*, *ibid.*, n° 22 (1978), p. 139-154.

SUGRANYES DE FRANCH R., *R.L. docteur des missions*, Schöneck-Beckenried, 1954.

TRÍAS MERCANT S., *El pensamiento y la palabra*, Palma, 1972 ; *La ideologia luliana en Miramar*, « Estudios Lulianos » n° 22 (1978), p. 9-29 ; *Consideraciones en torno al problema de la fe y la razón en la obra literaria de R.L.*, *ibid.*, n° 23 (1979), p. 45-68.

URVOY D., *Penser l'Islam : les présupposés islamiques de l'« Art » de Lull*, Paris, 1980.

OUVRAGES COLLECTIFS

Raymond Lulle, Fribourg, Éd. universitaires, 1986.

Raymond Lulle et le Pays d'Oc, « Cahiers de Fanjeaux », 22 (1987).

REVUE

Estudios Lulianos, Revue semestrielle publiée à Palma depuis 1957.

TABLE DES MATIÈRES

Achevé d'imprimer par Corlet, Imprimeur, S.A.
14110 Condé-sur-Noireau (France)
N° d'Éditeur : 8748 - N° d'Imprimeur : 13851 - Dépôt légal : juin 1989
Imprimé en C.E.E.